泽及草木 恩至水土

儒家文化大众读本

儒家生态文化

梁国典 主编　乔清举 著

山东教育出版社

总序

改革开放以来，孔子、儒学、传统文化的研究经历了一个从拨乱反正到恢复正常再到日渐升温直至热潮的过程，中国孔子基金会应运而生，起到了组织、引导和推动的作用。最近几年，似乎出现了一热一冷的局面：关于孔子、儒学、传统文化的学术研究日趋繁荣，硕果累累，而大众化的普及工作却没有跟上，不少人对孔子、儒学有隔膜，对儒家文化说不出个子丑寅卯来。有鉴于此，中国孔子基金会在坚持继续推动学术研究的同时，下决心抓一抓普及工作，除了借助电视、动漫、网络、讲座、《论语》普及工程、经典诵读工程等多种形式宣传孔子、普及儒学以外，还专门组织编写了这套"儒家文化大众读本"丛书，目的在于向国内外读者介绍儒家文化的基本知识，加深读者对儒家文化的理解，弘扬儒家文化的优秀传统，建设当代中国人的精神家园。

儒家文化是以儒学为基础发展起来的文化，是中国传统社会的主流文化。儒学与儒家文化既有联系，又有区别。儒学主要是指儒家的思想、理论、学说，儒家文化则是儒学走向社会、化成天下、移风易俗而形成的包括制度、礼俗、观念等在内的社会文化。儒学是儒家文化的源头活水，儒家文化是儒学的浩瀚长流。儒学通常为知识分子所掌握，儒家文化则为全体社会成员所接受。儒家文化比儒学拥有更丰富的内涵、更广阔的覆盖面和更广大的人群。儒家文化在汉代逐步形成，两千多年来，一方面，儒家文化昂扬直上，远播海外，形成了包括中国、朝鲜半岛、日本列岛和中南半岛在内的巨大的儒家文化圈；另一方面，儒家文化又以其居于轴心的地位，宽容、平和、理性地对待其他形态的文化和外来文化，博采众长，融会创新，不但引领着中国文化的发展方向，而且造就了中国文化的博大气象，塑造了中国人民勤劳勇敢、崇教重文、守礼义、知廉耻的国民性格，培育了自强不息、厚德载物的民族精神。不了解儒家文化及其价值，就谈不上了解中国本土文化及其价值。因不了解而不珍惜，"抛却自家无尽藏，沿门托钵效贫儿"，是近百年来一再发生的文化虚无主义偏向。今天，我们要做的，是尽力摸清我们的文化"家底"，认识"自家无尽藏"的价值，充分利用本土文化资源，广泛吸收人类文化的优秀成果，综合创新，建设社会主义先进文化。

编撰"儒家文化大众读本"丛书，主要目的是向读者传播有关儒家文化的知识，让读者对儒家文化有一个基本的认知，了解儒家文化的优点和特点以及儒家文化在当代社会的价值。为此，我们着眼于儒家文化9个大的方面拟出选题。"儒家文化大众读本"丛书是关于儒家文化的普及性系列作品，要求作者是专家、大家；专家搞普及，大家写小书。我们通过向社会招标、专家推荐等形式在全国选出了13位作者，完成了9个选题：儒家文化与中国古代教育（郭齐家著）、儒家法文化（俞荣根著）、儒家生态文化（乔清举著）、儒家伦理文化（唐凯麟、陈仁仁著）、儒家孝悌文化（舒大刚著）、儒家政治文化（林存光、侯长安著）、儒家礼乐文化（丁鼎、郭善兵、薛立芳著)、儒商文化（戚斗勇著)、儒家文化与世界（施忠连著)。这些著作都凝聚着作者在探索普及儒家文化方面花费的心思和工夫。

编委会明确要求,"儒家文化大众读本"丛书是在学术研究基础上的通俗性、普及性的介绍之作,富有经典性、文学性、教育性。首先,作者对儒家文化有精深的研究,能够深入浅出地予以表达,对某一专业做全面系统、客观忠实的说明和介绍,重点写那些仍有现代价值的、有助于人们认识儒家文化的内容。其次,在素材选择、主题提炼、行文风格上,都要融入现代意识,力求与时代精神相契合。再次,要充分吸收已有的研究成果,化用自己的文字予以表述,使用大众语言,舍去一些艰深聱牙的言辞,不使用学术语言,多使用叙述性、描述性的语言,要通俗易懂、活泼流畅、图文并茂、雅俗共赏。

其实,要写好一本大众普及读物是很不容易的。因为普及读物不仅要求文字浅显、可读性强,而且要求有学术含量,要体现学科前沿的研究成果,同时也彰显了作者的一种责任感和使命感。当年朱光潜先生以"给青年的第十三封信"为副标题,出版了美学佳作《谈美》。朱先生用通俗易懂的方式和明白晓畅的语言,顺着美从哪里来、美是什么及美的特点这一脉络层层展开,以一种对老朋友的语气娓娓道来,平易亲切,引人入胜,从而净化了读者的心灵,"引读者由艺术走入人生,又将人生纳入艺术之中"（朱自清语)。该书先后重印三十多次,成为具有科学性、普及性的经典之作。大家学者的风范告诉我们,一方面,大众读本不能写成艰深的学术著作,因为曲高和寡自然应者寥寥，普及变成空谈；另一方面，大众读本又不能没有学术含量，因为没有学术含量就失去了普及的意义。我们希望，这套丛书不仅能为国内外热爱孔子、儒学和中国传统文化的读者提供一种对儒家文化的生动的、通俗的介绍，而且能为国内外读者提供一种对儒家文化的有深度的认识，使读者在获得儒家文化的具体知识的同时，可以感受到儒家文化的内在精神，感受到中华民族的伟大生命力、创造力和凝聚力。

在"儒家文化大众读本"丛书中，儒家的教育文化、法文化、生态文化、伦理文化、孝悌文化、政治文化、礼乐文化、商文化，都在作者的如椽大笔下娓娓道来。我们力求把对孔子及儒家的研究转向当下日常生活，从生活中体认儒家之道，使孔子思想飞入寻常百姓家，把儒家文化中有价值的东西发掘出来，提炼出来，把它讲清楚，注意发掘中国文化中具有价值的理念，将它变成每个中国人的自觉，还要把它变成世界性的东西。一本好的文化普及读物，应该在完成这个使命中发挥自己的作用。

《儒家文化大众读本》编委会

目录

导言｜新启蒙运动——"生态地存在"：人类生存方式的生态转向

一、人类面临空前的生态危机

从 15 世纪开始，人类就逐渐进入了现代化的时代。到目前为止，这种生存模式产生和累积的生态危机越来越明显和深刻了。人类生存的环境因素水体、大气、土地、森林、物种，都遭到了空前严重的污染和破坏。环境恶化、物种灭绝、气候异常等人为灾害成为时时刻刻威胁人类生存的达摩克利斯剑。

由于人类长期过度垦荒、砍伐森林，导致全球性水资源分布不均衡、水源枯竭、洪涝和干旱交替发生；由于大量使用 DDT 等各类化学杀虫剂，导致水体污染，人类面临空前的全球性水危机。人类每时每刻都不能离开的空气，因为化石燃料的广泛使用而遭到严重污染，PM2.5 等各种可吸入颗粒物正严重影响着人类的健康，酸雨毁坏了不少地区的森林和植被。地球上空保护地球免受紫外线照射的臭氧层，因为含有氟利昂的制冷剂的大量使用，而在南极上空出现了巨大的空洞。臭氧空洞一旦出现在或扩大到人类居住的区域上空，包括人在内的各类生物就会直接暴露在紫外线的照射之下，后果不堪设想。化石燃料的大量使用造成大气中二氧化碳急剧增加，地球出现温室效应，冰川融化，海平面上升超乎科学家的计算提前到来，不少地区可能会在若千年后永远地消失于海水的淹没之中。南太平洋岛国图瓦卢已经开始被海水淹没，马尔代夫危在旦夕，上海、纽约处于警戒之中。在这个被淹没地区名单上，还可以再加上水城威尼斯、夏威夷群岛、瑙鲁、基里巴斯、汤加、瓦努阿图、巴布亚新几内亚……。人类赖以生存的大地——土壤，因为失去了植被的保护，出现了沙漠化、荒漠化的趋势，昔日的绿洲变成了戈壁；又因为化肥的长期使用，导致土壤板结，化学成分单一，各类微生物死亡。土壤被改造成了只能生长农作物的工具，失去了自身的调节力和生长力，它作为生态系统的一部分与其他部分的循环也被割断。尤有甚者，不少生活垃圾、工业垃圾未经处理就直接被填埋，各种重金属渗入土壤，几个世纪都不能分解。这些重金属又通过农作物返回到人们的身体中！现代工业把森林当作资源，以远远超过森林自我更新的速度砍伐它，导致全球森林覆盖率锐减，动植物物种迅速灭绝。据估计，目前地球上每天有100多种物种灭绝，一年灭绝的物种数量高达5万种。人类活动所造成的物种灭绝的速度，是物种的本底灭绝率的100倍；地球正经历着6500万年前恐龙灭绝以来最大的物种灭绝事件。中国儒家文化讲"诚"为天道，诚是实，是信。实是天道的客观实在性，信是它的基本的稳定性和恒常性。人类的活动破坏了天道之诚，扰乱了天道。地球耗费了几十亿年才形成的生态平衡，被智人这个物种破坏了。在美国，曾经有一个时期郊狼濒临灭绝，在中国，华南虎濒临灭绝。当人类赖以生存的环境遭到破坏，物种一个个地灭绝后，下一个将会灭亡的物种是什么？恐怕会是人类自身。

正在融化的南极冰川

即将被海水淹没的图瓦卢

二、危机的根源：人类中心主义和对自然的斗争

近代启蒙运动所确立的人类中心主义是导致目前生态危机的思想根源。在古希腊哲学中，人和自然的二分还不很严重。自然的神性和诗意的光辉往往透过泛神论哲学、自然神论闪现出来，人类对于自然还带着虔诚的敬畏。然而，由于基督教一神论的普及，自然的神意和魅力被上帝独自的光辉取代了。《圣经》认为，自然是上帝赐给人类的家园，人类可以并且应该去征服和控制自然。这就确立了人类中心主义的世界观，给自然祛了魅。历史学家小林恩·怀特指出，没有哪种宗教比基督教更为人类中心主义化。启蒙运动强化了对自然的祛魅，科学的发展则使对自然的祛魅得到落实、巩固并进一步向纵深发展。在近代科学的视野中，自然越来越成为有待人类去控制、去征服、去塑造的一团没有生命力的惰性材料。启蒙主义哲学家笛卡儿提出了确立主体性的"我思"概念，我思作为理性，与自然形成对立。培根提出"知识就是力量"，又提出控制自然的思想，要求"将人类帝国的界限，扩大到一切可能影响到的事物"。康德在《纯粹理性批判》中提出"人为自然立法"的思想，又在道德方面提出"人对于动物没有道德义务"。不过，康德还保留了"物自体"的概念，表现了人类的谦逊。费希特就不一样了，他提出自我设定自我、设定非我、设定自我和非我的统一的观点。他的思想在黑格尔哲学中表现为理念——其实也是带有启蒙哲学局限性的人类理性的化身——成为唯一绝对的概念。理

念通过它自身的外化生出自然界，又把自然界摄归于自身。自
然界既然是人类理性的异化物，也就是人类理性的对立面。理
性吞没自然界，把它消化为自身的一个否定性方面，由此达到
自身发展的丰富性和完善性。如果说黑格尔哲学也有天人合一
的思想，那么他是人类中心主义的，他不承认客体——天、自
然的独立性，而把它作为绝对精神的一个规定。英国经验论哲
学在一定意义上承认客观独立的自然界的存在。但是，在这种
学说中，自然界是一个没有价值的对象，只有人的劳动才能赋
予它价值。照洛克所说，一块荒地，在没有劳动附加于它之前
是没有价值的。谁附加劳动于其上，谁就使它具有了价值，因
而也就获得了对它的所有权。这种理论的实质在于确立人的劳
动的价值，但忽略了自然本身所固有的价值，或者说是用人的
劳动的价值取代了自然的价值，肯定人在自然界中的中心地位。
总之，近代以来的西方思想对于客体自身的自为性和内在价值
的无视，造成了人对自然不计后果的全面破坏。

三、新启蒙运动——人类生存方式的生态转向

　　面临深刻的生态危机，生活在21世纪的人类需要一场新
的启蒙运动。这场新启蒙运动的实质是重究"天人之际"、再探"群
己权界"，即重新认识人，认识自然——"群"，认识二者的关系，
建立新的生存方式。如果说14至15世纪的西方近代启蒙运动

成就了几个世纪的现代工业文明，那么，新启蒙运动就是要促使人类存在的生态转向，造就生态文明。

生态文明是一种存在方式。如果把人类的存在看作是各种参数的函数，你就会发现，根本地决定人类存在方式的参数只有两种，一种是文化的，包括各种观念和社会组织结构等；另一种是生态的，包括土地、山川、物种、气候等。任何一种关于人类存在的学说，如果没有认识到人类存在的生态性制约，都是不完善的，也是不深刻的。近代西方文化没有认识到这一点，是它的巨大缺陷。人类如果还要在这个星球上生存下去，那么，其生存就必然是生态性的。生态地存在是人类根本的存在方式。"生态"是一个价值规范词汇，天然地包含人类应该如何存在的规定，具有说明人类存在的"应当"状态的价值意义。

儒家哲学和文化的态度本质上是生态的。儒家从来没有把人和自然分割开来，他们对于保护动物、植物、山河大地，有系统的认识。在儒家文化中，"天命之谓性"、天人合一的基本态度奠定了人应服从自然的秩序的基本存在模式，人与自然为一体的道德追求把道德共同体扩展到了天地万物，尊重生命、让生命完成自己的周期、实现自己的目的处世方式肯定了一切生物的内在价值。人类存在方式的生态转变需要转向东方，寻求儒家生态智慧的启发，回到东方文化的原则上。

泽及草木　恩至水土

儒家文化大众读本

"德及禽兽"——对于动物的关爱

儒家文化对于动物的基本态度是爱护和尊重它们的生命，让它们顺利生长，完成自己的生命周期。儒家也把动物作为食物、衣物的来源，也同意打猎，但是，儒家对于使用动物有许多限制，比如打猎不能合围，要网开一面；在动物繁殖的季节，不能用雌动物祭祀。儒家文化还把麟、龙、龟、凤看作具有神灵作用的动物，祭祀那些保护庄稼有功的动物。这种态度促进了人们保护动物的意识。为了保护动物，儒家还制定了一些措施，这些措施演化成了后代保护动物的政策和法令。

一、"德及禽兽"——从商汤网开三面说起

对于林林总总的大千世界，我们该爱什么？这是人生在世的一个重要问题。用伦理学的术语来说，这是道德共同体的范围问题。爱家人，爱邻人，爱国人，爱人……人是我们的同类。在《论语》中，樊迟问仁，孔子说"爱人"；孟子也说，"仁者爱人"。可是，我们的爱仅仅止步于人吗？以孔子、孟子为代表的儒家思想并不是这样认为的。让我们看看儒家十分推崇的圣王商汤的态度吧。

一天，商汤到野外巡游，看见有人在张网捕鸟，并念念有

词地祈祷天下四方的鸟全都陷入他的网中。商汤听到了笑着说，这样是不是太过分了？就把他的网打开了三面，只留下一面，祈祷说，鸟儿想往左飞的往左，想往右飞的往右，那些不服从命令的就自投罗网吧！这就是著名的商汤"网开三面"的故事。据说各个诸侯王听到这件事后，都认为商汤既然能够把自己的恩德施及禽兽，更何况人呢！大家就都归顺了商汤。商汤由此在中国历史上开创了商王朝。

　　这个故事多次出现于贾谊的《新书》、司马迁的《史记》等典籍中，表现了儒家文化的一贯态度。儒家文化的道德关怀的范围包括动物，爱护和保护动物是儒家文化十分自觉和有意识的传统。下面就让我们看一看儒家是怎样认识和保护动物的。

　　动物，无论是野生的还是家养的，儒家文化都认为应该保护它们的生命。孟子给我们留下了一段非常经典的话。他到齐国去游说齐宣王施行仁政，问齐宣王："听说有一次你看见

商汤

孔子

孟子

一名官员牵着一头牛要把它杀了，用它的血来涂新做的钟的缝隙（'衅钟'），你叫人用羊换掉了牛。有没有这回事？"齐宣王说："有。因为我看到牛在发抖，它没有什么罪过却要被杀了，所以叫人换成了羊。百姓觉得我吝啬。可是，齐国这么大，我还会在乎一头牛吗？"孟子说："百姓不了解你，但我知道，这是你的'仁术'。君子对于禽兽，看见它活着，就不忍心看着它死；听见它的叫声，就不忍心吃它的肉。所以，君子远离厨房。"孟子的话，表现了儒家珍惜、爱护动物的生命情怀，他把这种情怀看作人的仁慈的德性，人的"恻隐之心"。

爱护动物生命在儒家文化中不仅是一种道德情感，而且还被转化为政令法规，落实到政治活动中。《礼记》是儒家的重要经典，其中的《月令》篇规定了当政者每个月应该做的事情，当中就有保护动物的专门律令。《礼记·月令》上说，初春时节，东风吹拂，南雁北归，大地解冻，万物复苏，蛰伏了一冬的鸟兽昆虫都出来活动了，鱼儿也游出来了，动物开始孕育，万物重又生长。这个时节，"不能用雌性动物祭祀"，"不能掀翻鸟巢，不能杀昆虫的幼虫、未出生的胎鸟和才出生的幼鸟，不能猎取幼兽、飞鸟的卵"。仲春月份，"不能用雌性动物祭祀"。季春月份，"不能打猎，不能张设诱捕鸟兽的各种网罗，不能投放毒杀禽兽的药物"。与《月令》相同的规定，在《吕氏春秋·孟春纪》中也出现过。不管是《吕氏春秋》抄的《礼记》，还是《礼记》抄的《吕氏春秋》，都表明诸如此类保护动物的思想在当时是非常普遍的。这种思想对后世产生了影响。目前发现的最早的动物保护法律是睡虎地出土的秦简律书《秦律十八种》，其中的《田律》有关于动物保护的条文。如"春天二月，不准捉取幼兽、鸟卵和幼鸟，不准……毒杀鱼鳖，不准设置捕捉鸟兽的陷阱和网罗，禁令到七月解除"。西汉时期汉宣帝就曾经下过一个命令说："去年夏天，雀鸟飞来雍地。今年春天，又有数万只五色鸟飞来雍地各县，翱翔盘旋，想落却未能落下。现在命令，京畿地区春夏期间不能掀鸟巢，取鸟卵，不能用弹弓打飞鸟。"近年考古学界在甘肃省敦煌悬泉置汉代遗址发掘出土的泥墙墨书《使者和中所督察诏书四时月令五十条》中，也有不少保护动物的法令以及对这些禁令的说明。如：

不能掀鸟巢。无论里面有没有鸟都不能掀。空巢整个夏天不能掀，实巢一年四季常禁。

不能杀□虫。幼小的（昆？）虫不会害人。九个月禁止。

不能杀怀胎的禽兽、六畜。一年到头常禁。

不能杀幼鸟。飞鸟被杀了就不能长成了。一年到头常禁。

不能捕幼兽。四足……以及幼兽还没有长成。九个月禁止。

不能掏鸟卵。飞鸟以及鸡□都是卵生的。九个月禁止。

不能□水泽、□陂泽、□□。……各方才能捕鱼。十一个月禁止。

不能烧山林。烧山林田猎，会伤害禽兽□虫以及草木……

不能用弹弓打飞鸟，以及张网等其他技巧手段捕鸟。

这个诏书是"大皇大后"发出的，日期为"元始五年五月甲子朔丁丑"，也就是公元 5 年。从上述例子可见，保护动物的理念已经变成自觉的法律法令了。

据《后汉书·法雄传》记载，法雄任南郡地方长官时，当地虎患十分严重。他的前任曾经悬赏招募百姓捕虎，虎患反而愈演愈烈。他到任后反其道行之，发出了禁止捕虎的命令。他在文告中说："虎狼生长于山林，就像百姓居住于城市中一样。在过去，道德教化极高，猛兽不来骚扰百姓，这都是由于恩信宽泽、仁义之心施及飞禽走兽的结果。我作为太守，虽然道德不高，但也不敢忘记这个道理。现在我下命令，毁掉捕虎的陷阱等，不能在山林中妄捕。"从法雄的命令可以看出，他是用儒家的仁义对待飞禽鸟兽的。与此相近的还有《风俗通义·宋均令虎渡江》的一个记载。九江多虎，骚扰百姓。前任官员主张捕取，郡县境内陷阱遍地。后来太守宋均到来后，给属县发公文说："虎豹在高山，鼋鼍在深渊，这都是由它们的本性所决定的。所以江淮之间多猛兽，就像江北多鸡豚一样。猛兽屡为民害，都是因为官吏贪婪残忍造成的，现在不仅不停止追捕，反而变本加厉，这不是为政的根本。"他也要求毁坏捕虎的陷阱。

《后汉书》还记载过一件"鲁恭三异"的事情。建初七年，各地蝗虫泛滥，唯独不入鲁恭治下的中牟县。河南府尹袁安听说了，很是怀疑，就让肥亲前往察看实情。肥亲和鲁恭在田野走累了，到桑树下休息。这时恰好有一只野鸡走过，旁边有一个儿童。肥亲问儿童，为什么不去捉野鸡？儿童说，现在是野鸡育雏的时候。肥亲听了不禁肃然起敬，对鲁恭说："到你治下的中牟，发现了三件奇异的事情。一是蝗虫不犯境，二是仁德化及鸟兽，三是连儿童都有仁心。"我们今天看这件事可以发现，儒家的仁德思想被推广到对待鸟兽，已经成为一种深入人心的普遍现象了，所以儿童才会那么说。蝗虫不入境也不一定是虚构。因为野鸡是蝗虫的天敌，既然中牟境内野鸡繁多，蝗虫可能就不入境了。古人不知道他们实际上已经不自觉地发挥了生物链的作用。

爱护动物是儒家文化的传统。这种态度从夏商继承过来，一直持续到当代中国民间社会。《论语》记载孔子"钓而不纲，弋不射宿"，即只钓鱼，而不用大网捕鱼；不射归巢的鸟（宿鸟，也有一种说法是巢中的鸟）。这表现了孔子珍视动物生命的态度，与商汤的态度和周代的礼制是一致的。这种态度在今天中国社会的民谚中还能看到，比如"劝君莫打三春鸟，儿在巢中盼母归"，都是叫人善待动物的。在中原一带，夭杀胎鸟被斥责为"坏性命"。不能"坏性命"是一个极其严格的道德要求。据《礼记》记载，孔子养的狗死了，他让子贡把它埋了。他说："我听人家说过，用坏的帷布不扔，可以用来埋马；用坏的车盖不扔，可以用来埋狗。我穷，没有车盖，就给它一张旧席吧，别把它直接就埋在土里。"在儒家文化中，这种珍视生命的态度一直延伸到植物、大地山川。

二、动物与生活——对动物的日常使用及其中的生态因素

中国古代主要是一个农业社会，上古时期还兼有一些牧业。动物在古代中国有很大的用处，为人们提供动力、食物、衣料、肥料，服务于运输、乘用、军事等目的，这些都是动物的使用价值或工具性价值。动物还有一种重要的使用价值，即用来祭祀，起沟通天人或人神的作用。

1. 动物作为动力、商品、礼品等

动物作为动力主要是用来耕地，运送物资。春秋战国时期，商人进行跨国跨境贸易，常常是用牛、马来运送物资。韩愈曾经为千里马被用来拉盐车而为它鸣不平。著名的例子是郑国商人弦高路遇秦国的侵略军队时，灵机一动把自己的运输队和要贩卖的牛说成是国君要他来慰劳秦国军队的，使国家避免了一次战患。用作乘用的牛马主要是用来拉车。古代贵族以上以马车作为交通工具，马车也是身份的象征。周王朝"天子驾六"，即用六匹马拉一辆车。国君一般是用五匹马，卿是用四匹马。一般的士大夫也是有车的。据《论语》记载，颜渊死的时候，他的父亲颜路请求孔子把车子毁了给颜渊做棺材的外椁。孔子拒绝了，说自己也是一名大夫，不能徒步走。汉王朝统一之初，由于国家经历了长期的战争，马匹十分缺乏，天子都不能备齐清一色的四匹马，大夫有的只能乘牛车。

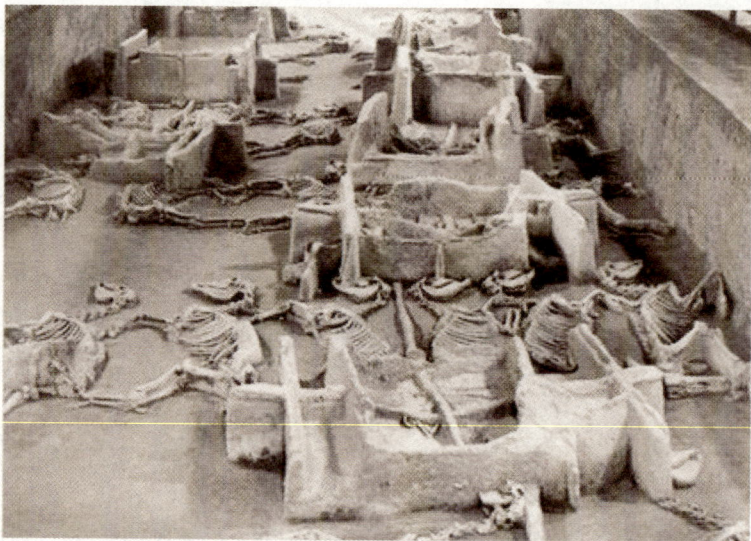

天子驾六（洛阳周王天子驾六博物馆）

　　动物的皮毛是商品，也是衣物。秦穆公时，他的重臣百里奚原来是个养牛的奴隶，是用五张黑色公羊皮从楚国换来的，被称为"五羖大夫"，可见在春秋时期动物的皮毛还可以用作商品的一般等价物。皮制衣服在古代称为"裘"，是一种贵重的衣物，大夫以上方可以使用，一般人是不能穿着的。所以《论语》中孔子让弟子们谈自己的志向时，穷人出身的子路就说，"愿朋友能够分享自己的车马、轻裘，用坏了也不后悔"。孔子的弟子子华出使到齐国，冉子希望给子华的母亲多一些补助，孔子不同意。孔子说君子帮助人的原则，是救人之急而不给已富的人锦上添花。子华出使到齐国，乘的是肥马，穿的是轻裘，还是比较阔气的。从他们的对话中可以看出，车马轻裘不是一般人可以享用的。《论语》详细记载了孔子的各种皮裘和与之搭配的衣服，如，小黑羊皮，外套无袖缁衣；鹿皮，外套无袖素衣；狐裘，外套无袖黄衣。亵裘为家居时所穿，右袖短，以便做事；此外还有厚狐裘，家居接待客人时穿。《礼记》记载了天子、士各类人等的皮衣种类。天子是狐白之裘，外套锦衣。天子的护卫左为狼裘，右为虎裘。士大夫穿狐青裘，饰以豹纹，外套绞衣。祭祀时天子穿羔羊皮制作的大裘，诸侯穿羔皮与狐白相杂制成有黼文皮裘。按照礼制，儿童不穿裘类衣服。原因大致有三，一是利于节约，符合生态原则。二是从礼制上看，裘类是成年人身份的象征，儿童还没有身份，不需要这样的衣服。三是从生理学上看，儿童活力强，火力大，也不需要皮制衣服。

古代多战争，马是重要的战争工具，一是用于骑兵，一是用于战车。"乘"是战车单位，四马一车为一乘。千乘之国、万乘之国都是以战车作为国家兵力强盛的标志。根据《孙子兵法》的说明，春秋时期已经有万乘之国了。老子说，如果天下有道，马匹就只用来产肥料肥田。而在天下无道的时候，连怀孕的母马都要服役，马驹在郊外出生。汉初马匹缺少，就是因为长年战争的缘故。

2. 动物作为食品

古代和现在一样，动物也是食物，以补充植物蛋白的不足。由于饲养技术的限制，肉食不是一般百姓能吃得起的，所以春秋时期有一个专门的词汇，叫作"肉食者"。《春秋左传》中有一篇叫作《曹刿论战》，里面曹刿要参与鲁国和齐国之间的战争。乡邻对他说，这事有"肉食者"考虑，你掺和什么？他说，"肉食者"目光短浅，不能深谋远虑。后来事实证明，曹刿确实有过人之处。孔子当时的学费标准"束修"，是"十束干肉"。孔子在鲁国做司寇的时候，能够做到"食不厌精，脍不厌细"。鱼肉变味不食，颜色不对不食，有臭恶之味不食，烹调不好不食，不是饭时不食，肉切得不正不食，没有好的调味料不食，市场上买的熟干肉不食，等等。到后来被围困在陈蔡时，则是连饭都吃不上，更不要说吃肉了。在古代只有一定级别的官吏才能成为"肉食者"，所以，孟子仁政的目标之一，就是让年长的老百姓都能够经常吃上肉。孟子说，不违背农时，粮食就吃不完；不用细密的网子打鱼，鱼鳖就吃不完，按照时限砍伐山林，树木就用不完。这样老百姓养生送死就没有遗憾了，这就是王政。孟子进一步主张，在宅子里种桑树，50 岁以上的人就可以穿帛了；按时饲养鸡豚狗彘之类，70 岁以上的老人就可以吃上肉了。不要干扰百姓生产，数口之家就可以有粮食吃了。然后再让百姓受到教育，这就是仁政。荀子的王制也是强调"以时""不失时"，让百姓财用有余。孟子的"以时"和荀子的"不失时"等，都包含让百姓能够得到稳定的肉食供应的思想，客观上是维持合理、稳定、持续的牲畜种群数量。照《礼记》的要求，君主无特殊的事情不得杀牛，大夫无特殊的事情不得杀羊，士无特殊的事情不得杀猪。君子要远离庖厨，不践踏有血气之类的生物。所谓"特殊的事情"，指征伐、出行、丧葬之类。古人的要求是珍惜动物的生命，不得随意杀牛羊等牲畜。

3．动物作为祭品

动物在中国古代是供奉天地祖先的祭品。据《礼记》记载，古代天子诸侯都有饲养牲畜的官吏，每月初一、十五，君主都要斋戒沐浴，戴上皮帽，巡视牺牲，朝拜，然后才能取用。选择牲牛时，君主让人把牛牵到朝堂，亲自察看牛的毛色，进行占卜，如果吉，就把它养起来，等到祭祀时使用。一定要符合规格，上帝才会享用。这表达了对于祭品的虔敬，对于天地的孝心。《论语》中孔子表扬仲弓，说他就像一头没有一点杂色的红牛，又有好看的角。即使是不想把它用来祭祀，但是山川哪里会舍得下它？从孔子的话来看，祭祀用的牲畜是有一定的规制要求的。

太牢

据《礼记》的记载，在古代一年四时都有祭祀。祭祀的名称春天叫作"礿"，夏天叫作"禘"，秋天叫作"尝"，冬天叫作"烝"。此外还有大祭，是祭天、祭五岳；又有对四方之神的祭祀，如《诗经》上所说的"怀柔百神，及河乔岳"。《月令》上也提到皇天上帝、名山大川、四方之神、宗庙社稷之灵等祭祀对象。这里所说的是常祭，此外还有非常的祭祀。比如，在气候出现乖戾、成为灾害时，就要祭四时之气的神，这叫"祭时"。祭品一般分为太牢、少牢。太牢是牛、羊、猪三牲各一具，少牢是羊、猪各一具。天子祭祀社稷用太牢，诸侯祭祀自己的社稷用少牢。天子郊祭用特牲，特牲是单独一个牺牲，或者是牛，或者是猪。祭祀社稷用太牢。照《礼记》所说，祭祀时天子用牺牛，诸侯用肥牛，大夫用索牛，士用羊、豕，还有鸡、兔、犬、槁鱼、鲜鱼等。祭品也不全用动物。水草之菹、草木之实、水、酒，都可以做祭品。水叫作"清涤"，酒曰"清酌"。普通百姓祭祀他们的祖先，春天使用韭菜配鸡蛋，夏天是麦子配鱼，秋天是黍配豚，冬天是稻配雁，也都包含植物。

儒家的礼制认为，祭祀的意图是向神表达忠信，不是"收买"神灵。祭品并不以种类新奇、产地偏远为好，而是就本地所产而奉献。各地都有自己的物产，不是本地的物产，君子不作为祭品，鬼神也不会享用它。如果山区以鱼鳖为礼，沼泽地区以鹿猪为礼，那么君子肯定认为这是不合礼制的。同时，礼的薄厚也要根据年成的丰歉而定，无论如何，不能让百姓感到有负担。可见，儒家的祭祀之礼是符合生态原则的。

《礼记》上说，祭祀的牛色尚赤，用犊，只是为了表达诚意。倘若没有忠信的态度，仅仅靠祭品的丰盛，是得不到鬼神的佑助的。《周易·既济》卦九五爻辞说：东邻杀牛，不如西邻的禴祭能够实实在在地得到神灵的福佑。用牛的祭祀是十分隆重的，禴祭却是相当菲薄的。可是，诚如孔颖达的解释，"祭祀之盛，莫盛修德"。如果能够修德，即使祭品微薄，鬼神也是能够歆飨佑助的。所以，《尚书》中又说，"黍稷非馨，明德惟馨"。据考证，这里的东邻和西邻，是殷商和西周。这句爻辞也说明了西周兴起而取代殷商的道德合法性。古人认为，只要有诚有信，即使不用牛，沼之毛、浮萍、白蒿、水藻之类的青菜，也都是可以晋献于鬼神的。

对于大型家畜用作祭祀的牺牲，古人是十分慎重的，他们意图主要是珍惜动物的生命，不滥杀动物。《礼记·月令》记载，仲春祭祀不用牺牲，而用圭璧、皮币。这是因为春季是动物交配孕育的季节，不能让祭祀影响动物生育。《礼记》上明确地说，天子用来作牺牲的牲畜如果怀孕，就不能用来祭祀上帝了，也不能食用了。

三、人工饲养动物

在儒家文化中，除了保护野生动物之外，还有人工养育动物，维持一定的种群平衡的思想和措施，如促进动物繁殖发育、限时捕捞等。严格地从生态哲学的观点看，这可能是一种把动物作为资源合理使用的思想，还不一定就是从动物内在的价值或动物的生态价值出发实施的保护动物的举措。但是，古人所面临的生物数量和物种的减少远远不及今天严重，如果不苛求古人的话，他们的思想仍然是值得肯定的。

在中国历史上，政府有各类专门机构和专职官员负责动物饲养和保护，也有一定的类似自然保护区的园囿。孟子在齐国游说齐宣王时，齐宣王曾经问他，文王的园囿是不是有方圆70里，孟子说，照古书记载是有的。齐宣王感到惊讶，说自己的园囿才方圆 40 里，百姓就已经觉得很大了。孟子回答，文王的园囿，要打柴的人谁都可以去，里面野鸡、兔子跑来跑去。你那个园囿，百姓谁都不能进去，杀一只麋鹿跟杀人一样治罪。你这是在国都中布下了一个陷阱，老百姓当然觉得大了。孟子跟梁惠王一起游览他的园囿，梁惠王站在池沼之上，看着来来往往的鸿雁麋鹿，得意地问孟子，贤者是不是也有这样的快乐？孟子说，贤者与民同乐，所以能够得到这些快乐；不贤者即使有园囿池沼，也不一定能够享受得到快乐。《诗经》上说文王要修建一个台，百姓们就像孩子为父亲工作那样愉快地来了。文王的台，百姓叫作"灵台"；文王的园囿，百姓叫作"灵囿"；文王的池，百姓叫作"灵沼"。那里母鹿肥硕，白鸟皎洁，鱼儿跳跃，百姓都希望文王的池沼园囿更大些呢！孟子和梁惠王的对话透漏出一个信息，就是古代帝王都有专门养育动物的园囿。

孟子从儒家的仁政观念出发，主张"泽梁无禁"。他认为，一个仁慈的政权应当把水域开放给百姓，不能禁止百姓打鱼。过去文王治理岐山的时候，就是"泽梁无禁"的。不过，孟子的"泽梁无禁"不是放任，而是和"以时"结合在一起的有序开放。他的仁政思想又要求保持水生物的稳定性和多样性。在今天看来，齐宣王、梁惠王的保护措施更严厉，更近于自然保护区。但当时的问题还不是自然的破坏，而是如何让百姓享受到自然之利，施行仁政，儒家的想法是让老百姓和统治者共享自然之利。不过，如果放任百姓渔猎砍伐的话，也会造成严重问题。孟子看到了这一点，所以，他所说的仁政措施中就有"不在池沼里下细密的网子，这样鱼鳖就吃不完""鸡猪狗之类的家畜养育不失其时，肉类就吃不完"一类的措施。荀子在谈到什么是圣王的制度时也说，"鼋、鼍、鱼、鳖、鳅、鳝孕育的时候，不要打鱼，不要在鱼池里投药毒鱼，不要让它们夭折，不要妨碍它们的生长""湖泊沼泽，要按时禁渔，这样鱼鳖就会很多，百姓吃不完"。说到君王的政治事务，荀子认为主要是善于管理群众。如果能够管理得当，那么万物都能达到应该的状态，六畜都能顺利生长，百姓都能按照自己的本性生活。所以，按时饲养则六畜生育，按时杀生则草木繁茂。

古代进行水产资源管理的官吏有"水虞""渔师"等。《礼记·月令》对于收获渔产有具体的规定，季夏时节才能让渔师收取蛟、鼍、龟、鼋；又说孟冬之时命令渔师、水虞收取水泉池泽的贡赋；仲冬之时命渔师开始打鱼。冬渔在古代可能还是一项十分重要的礼仪活动，天子要亲自前往，品尝，然后献祭寝庙。这种郑重的态度包含着对于自然的慎重和敬畏。据《国语》记载，春秋时期，鲁宣公夏天在泗渊大肆捕鱼，这显然违反了捕鱼的时禁。里革把他的网子割断扔了，批评他说，在古代，要等到冬天大寒降后和蛰虫出土以后，水虞才开始整治网罟，打鱼、猎取禽兽，献祭寝庙，为的是帮助天地宣泄阴阳之气。在鸟兽孕育、水生物刚刚长成的时候，兽虞开始禁止网罗，为的是帮助它们生长。在鸟兽孕育、水生物初成的时候，兽虞开始禁止下网、辁水，禁止设置陷阱，为的是充实宗庙庖厨，积累材用。上山不砍树芽，下泽不夭活物，打鱼禁打鱼苗，捕兽放过麑，鸟儿要让它孵卵，虫儿要让它的卵能生长，这些都是为了让万物繁荣。当今正是鱼儿孕育的时节，你不叫鱼生长，反而下网捕捞，真是贪得无厌！里革断罟的故事说明，古人对于自然资源的管理是十分严格的，就连国君也不能违反。

对于牛、马等人工饲养的大型牲畜的繁殖，《礼记·月令》也有具体的规定。如，季春时节，一定要把牛、马牝牡合放在一起，让它们交配；对于交配过的牛、马，以及要用来作牺牲的牛、马，一定要登记数目。仲夏时节，牛、马怀孕后，一定要把牝畜挑出来单独放牧，免得妨碍它们孕育。仲冬是收敛守藏的季节，如果农家有谁家的马、牛等牲畜还在野外放佚，官府就要没收它。

四、狩猎及其限制

狩猎或田猎是古人的一种生活方式。《周易》有"田无禽""田获三品""即鹿无虞"一类的爻辞，《老子》中有"驰骋田猎令人心发狂"文句，都说明了田猎活动在古代的普遍性。田猎对于古人来说，有四点意义。

一是田猎所得可用来祭祀、招待宾客、供国君诸侯食用等。祭祀时用猎物有不同方式。一种是把动物肉制成干肉，盛放在叫作"豆"的礼器中，这叫"乾豆"。还有一种方式是用狩猎获得的禽兽祭祀四方之神。在古代，春夏秋冬四季都有祭祀。春天主生长，这时祭社，即土神；夏天阴气始生，祭祀宗庙；秋天万物长成，祭祀社以及四方之神。《礼记·月令》关于季秋的规定说，天子田猎归来，命令用猎获的禽兽祭祀四方，祭祀宗庙；冬天万物众多，祭宗庙以及对于万物生长有功的神祇。春夏秋冬的祭祀 都是人对于天地万物的报答。国君食用又叫"充君之庖"。

二是为田除害。狩猎为什么又叫作"田猎"？就是因为在田中打猎，不让野生动物危害庄稼。《礼记·月令》关于孟夏之月活动的规定中，就有驱赶禽兽，不要让它们危害作物一项。

三是军事演习，即通过围剿野兽来模拟围剿敌人。《礼记》记载，季秋的时候，天子教田猎，由此熟悉军事、马政。田猎的礼制的内容之一也是通过田猎来熟悉军事。

四是娱乐。《老子》中所说的"驰骋田猎"显然属于娱乐性的狩猎，不是礼节性的田猎。直到北宋王朝的时候，娱乐性田猎还很普遍。程颢早年喜欢田猎，晚年一看到田猎的场面，仍不免怦然心动，跃跃欲试。作为理学家，他为自己的心性易于扰动而真诚地反省。

古人对于狩猎的时节、次数、具体方式等，都有一定的礼制规定。这些规定有两方面的意义，一是政治的，一是生态的。前者是说沉溺于田猎会导致亡国，所以必须用礼来约束；后者是要求珍惜动物的生命，保护动物不被过度猎杀，稳定动物种群的数量。田猎的礼制规定直接表现为约束过度的田猎活动，所以，《礼记》说，如果不按照礼制田猎，那就是暴殄天物。那么，古代关于田猎有怎样的礼制规定呢？

首先是"时"的限制，即对狩猎的次数和起止时间都有限制，要顺从动植物生长的规律。按照《周礼》的记载，天子诸侯一年有四次田猎活动，春天叫"蒐"，夏天叫"苗"，秋天叫"狝"，冬天叫"狩"。《春秋·谷梁传》的解释与此不同，春天叫"田"，秋天叫"蒐"。而按照《礼记》的记载，则天子、诸侯一年只有三次田猎活动。无论四次还是三次，次数总是有限的、固定的，这就保障了动物有更多的时间繁殖、生长。狩猎还有开始时间的规定。一般来说，春天仲春之前鸟兽孕育的时候是禁止田猎的，为的是保证鸟兽的繁殖。据《礼记》的说明，"獭祭鱼""豺祭兽"之后，才能狩猎。獭喜吃鱼，常把捉到的鱼排列起来，类似祭祀，这叫作"獭祭鱼"。"獭祭鱼"一般是惊蛰以后，阴历一月中旬，阳历三月初。"豺祭兽"与"獭祭鱼"类似，时间则在阴历的十月。也就是说，晚秋或初冬以后，虞人才能入泽梁捕捞鱼类水产。又据《礼记》的记载，"鸠化为鹰"之后才能张网捕鸟。"鸠化为鹰"指鸠去鹰来，大致为现在的农历八月，实际上也就是鸟类孕育完成，初步长成，可以飞翔而后才可以设网捕鸟。春天昆虫出蛰以后，才可以焚烧田草肥田。照郑玄的解释，这叫"取物一定要有时间的限制"。

其次，狩猎除了时间的限制外，还有数量的节制，不得滥取。《礼记》上说，春天田猎时，国君不能合围，大夫不能掩群，士不能取麛卵。《王制》也规定，天子不合围，诸侯不掩群。合围、掩群大体相近，都是把兽类一网打尽的狩猎方法。麛是幼鹿，此处指泛指幼兽。卵是鸟卵。天子、国君的狩猎队伍庞大，可以将大群的野兽包围起来，诸侯的猎队也能够把整群的野兽包围起来，士大夫虽然没有庞大的狩猎队伍，但仍可以猎取幼鹿等幼兽、鸟卵。礼制禁止这些做法，为什么呢？因为春天是万物生长的季节，幼兽要长为成兽，卵要孵成鸟，正处在生长时期，所以不能猎取它们。这就是所谓的"生乳之时，重伤其类"，即慎重而不伤害和自己同样有生命的东西。田猎名称中的"苗""狩""蒐"，都是择猎没有怀孕的野兽。《春秋》把四时的田猎活动都叫作"蒐"，也是择兽而猎的意思。不合围、不掩群同样是要限制数量，不能多杀伤，不能多猎取。照古人的说法，三个以上就可以称为群，可见古人对于猎取动物数量上的限制是极其严格的。前文所说的商汤网开三面，正是不合围的意思。

关于田猎，还有"三驱之礼""逆舍顺取"的规定。《易经》中有意为"王采用三驱之礼田猎，放走了跑在前边的野兽"的句子。对于"三驱之礼"，前人的解释不尽相同。有的解释为向自己迎面跑来的野兽，射杀它，背着自己跑的野兽，放掉它；有的解释则刚好相反。无论哪种说法，都表明礼反对一网打尽。这是对于动物的仁慈、仁爱之心。礼制还规定，在打猎中如果天子射杀了野兽，就要把自己的旗帜"大绥"降下来，诸侯射杀了野兽，就要把自己的"小绥"降下来。这种仪式表达了对于动物生命的尊重。

古代仁政王道都是放宽对山泽的禁令，允许百姓砍柴打猎的。垄断山泽之利被认为是暴君暴政。按照礼制的规定，天子、诸侯田猎之后，允许百姓打猎。这就会产生一个问题，百姓人数众多，放任打猎、捕鱼不免会鸟穷兽尽、竭泽而渔。古代政权认识到了这一点，设置有"山虞""泽虞"等"虞"官，专门管理百姓渔猎问题，防止过度渔猎。前文关于渔猎的时间的限制，也适用于普通百姓。虞官对于百姓渔猎，还负有指导的责任。《礼记》说，山林薮泽，可以收获蔬菜，进行田猎的，要有"野虞"

进行教导。如前所述，《礼记》指出，如果不按照礼制的规定去田猎，那就叫"暴殄天物"。因为逾越了礼的限制就会杀伤过多，暴害天所生之物。这种态度实际上是珍视生命，用仁爱、仁慈的态度对待动物。

五、对于动物的祭祀

祭祀在古代具有重要的意义。《左传·成公十三年》上说，国家的大事就是祭祀与战争，这无疑道出了古代政治的秘密。祭祀和战争都是关乎统治者生死存亡的大事。对于一个政权来说，祭祀的意义是合法性获得的途径、巩固的措施和宣示的手段。政权通过各类祭祀活动建立与各种神灵、大地山川的隐秘的、神意的关联，由此获得对土地、人民的支配权。

按照古代的传说，尧舜禹都是以禅让的方式实现政权交替的。孟子的弟子万章曾就这个问题问孟子："尧把天下给了舜，有这回事吗？"孟子则做了否定的回答，指出天子不能把天下给予他人，只有天才能给人以天下。那么，"天是如何把天下授给舜的呢？天是不是要谆谆教诲？"万章问。孟子说："不，天不言语，而用行为和事情来表示自己的意愿。""尧把舜推荐给天，天接受他；推荐给百姓，百姓接受他。"什么是"天接受他""民接受他"呢？孟子回答说："让他主持祭祀，百神能够歆享，这就是天接受他。让他主持政事，而事情得到治理，百姓感到平安，这就是百姓接受他。政权是天给予他的，百姓给予他的，所以说，天子不能把天下给予他人。"这里，孟子强调主祭而百神受之，正是与百姓接受相并列的合法性的一个来源。

　　祭祀也有重要的生态意义。古代礼制规定，天子祭祀天地、日月、山川、先祖；诸侯祭祀境内名山大川、父母；普通百姓

轩辕黄帝（山东武梁祠石刻）

祭祀自己的父母。古人认为，万物源自天地，人源自父母。天子把天地作为父母，祭祀天地和祭祀祖先一样，都是报答天地、祖先的生养之恩，表达对于父母的孝和敬，是"报本反始"的表现。这种祭祀观念把人和天地万物联系到了一起，是一种在宗教掩盖之下的生态循环观念。又据《礼记·祭法》的说法，除了天地父母外，还有几类祭祀对象。一类是对国家百姓有功的人，即制定历法、以死勤事、以劳定国和抵御灾患的人，如神农、黄帝、后稷、尧、舜、禹、汤、文王、武王等。一类是日、月、星辰等，这些是"民所瞻仰的"。一类是山林、川谷、丘陵，是百姓取得财用的地方。此外就是有功于农事的，比如虎、猫、昆虫等。《礼记》上说，天子重视"蜡八"。蜡是八种神，分

别是先啬、司啬、农、邮表畷、猫虎、坊、水庸、昆虫。为什么虎、猫、昆虫都在祭祀之列？《礼记》解释说，古代的君子对于使用过的事物一定要报答它，做到仁至义尽。祭猫，是因为它食田鼠；祭虎，是因为它食田豕。由此也可以看出，古人自觉地发挥了食物链的作用。祭昆虫则是希望昆虫不祸害庄稼。

六、动物作为自然的标志和神性的标志的生态意义

动物在古人的心目中有一种物候学的意义。古人通过观察动物的出蛰入蛰、南迁北徙来了解气候的变动和节气的变化。《礼记·月令》关于这方面的记载是一个典型，如孟春之月"蛰虫始振"，孟夏之月"蝼蝈鸣，蚯蚓出"，季秋之月"鸿雁来宾"等。这些都具有物候学意义。动物是生态的一个部分，是气候变化的一个环节，古人根据动物活动的规律测知气候的变化，安排农事和其他活动，把自己的活动置身于生态过程之中，由此形成生态性的存在。

在古人的眼中，一些动物还具有神灵之处，如麟、凤、龟、龙就被古人称为"四灵"，不与一般动物同样看待。《大戴礼记》上说，有麟的动物众多，以龙为统率；有羽毛的动物众多，以凤为统率；有毛的动物众多，以麒麟为统率；有壳的动物众多，以龟为统率。没有羽毛、外壳的动物众多，以圣人为统率。在这里，古人是把这些动物与圣人同等看待的。

龟卜

蓍草

麒麟

龟因为长寿，被认为具有"先知"的神异功能。商周时期举行"大飨"的祭礼，在摆放祭品时把龟放在前列，就是因为它具有先知的作用。在商朝的时候，人们还用龟来占卜，叫作"龟卜"。现在我们看到的甲骨文，大部分是刻在龟壳上的。周朝把"龟卜"改为"蓍草"。龙则是一种被认为能兴云致雨的神灵。此处我们着重谈谈麟与凤，因为二者都与孔子有较大关系。

麟是麒麟，可能和龙一样是一种虚构的动物，但更可能是一种灭绝的异兽。关于它的形象，各种典籍说法不一。京房说它"身子像麇，尾巴像牛，蹄子像马，毛有五彩，腹下黄，高丈二"。《广雅》说它"有狼的头，肉质的角"，含仁怀义，音中钟吕，行中规矩，游必择地，翔必后处，不履生虫，不折生草，不群居，不侣行，不入槛阱，不入罗网，文章斌斌，所以也被称为大角之兽。根据《说文》的解释，麟是仁兽，是圣王将要兴起的瑞应。

孔子与麟的联系，起于《春秋》。《春秋》是鲁国的国史，孔子对它进行过编辑整理，因此历史上普遍认为，《春秋》包含孔子的微言大义。《春秋》结束于"西狩获麟"。经文很简单，说"十有四年，春，西狩获麟"。《春秋》绝笔于此，后人觉得寓意深刻。汉人认为，麟为仁兽，是圣王的嘉瑞。可是当时并没有明王，所以，孔子伤周道不兴，叹嘉瑞无应；又感慨自己生不逢时，道无所施，言无所用，与麟相类，遂绝笔《春秋》于此。《公羊传》进一步说，孔子听到"西狩获麟"之后，悲伤地说"你为谁而来？为谁而来？"用袖子试了试眼泪，又接着说"我的仁、义之道再也实行不了了，再也实行不了了"。《公羊传》认为，得麟而死，也是上天显示给夫子的、他将要去世的征兆。

凤凰和麒麟一样，可能是虚构的飞禽，也更可能是灭绝的珍禽。据说凤凰的形象是前像麟，后似鹿，颈如蛇，尾类鱼，有龙一样的花纹，龟一样的背，燕子的颈，鸡子的嘴，五色俱备。

西狩获麟图

生于东方君子之国，飞翔到四海之外，过昆仑，饮砥柱，濯羽于弱水，晚宿于丹穴。它出现的时候天下太平。据说舜的时候，演奏《萧绍》的音乐，演奏了九章，就有凤凰到来；文王时曾有凤凰鸣于岐山。"有凤来仪"被认为是圣王出世的瑞应。

照《论语》的记载，孔子把自己比作凤，他的同时代人也这样看他。孔子曾经感叹"凤凰鸟不来了，黄河也不出龙图了，我一生的理想恐怕再也不能实现了吧"。郑玄、孔颖达都认为，

凤鸟

圣人受命就会有凤凰出现；凤凰不出现，所以孔子感叹自己的理想不能实现了。孔子周游列国到楚国时，有个叫作接舆的隐者，唱着这样的歌从孔子身边走过，希望孔子觉醒。"凤凰呀，凤凰，你真的还那么不明白吗？过去的已经过去，将来就不要再执迷了！算了吧，算了吧，现在的当政者都很危险了！"接舆把孔子比作凤凰，说有圣王在世，凤凰才会出现。既然现在的当政者都是一些危险的人物，你又何必周游列国，希求人家接受呢？他希望孔子也跟他一样归隐了去。

在儒家文化中，除了"四灵"以外具有神意的动物还有玄鸟、神雀等。"玄鸟"可能是原始部族图腾崇拜的孑遗。《诗经》

中殷族人歌颂自己的祖先，有"天命玄鸟，降而生商"的诗句，说明殷商的图腾是玄鸟。玄鸟是燕子，这种鸟在今天的殷商故地河南民间仍然被认为是神灵吉祥的鸟类。还有一种记述，说夏代要兴起的时候，祝融鸟降临嵩山。商代要兴起的时候，梼杌停留于丕山。周代要兴起的时候，鸑鷟鸣于岐山。这些记录都是把鸟类当作有预感的神鸟。

玄鸟

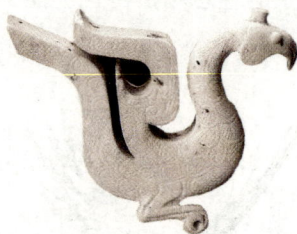

鸿山战国贵族墓出土的玉玄鸟

还有一些动物，儒家认为它们有部分的亲情和仁义的德性。荀子说，大的鸟兽如果在一个地方失去它们的同伴，在路过这个地方时，它们一定会徘徊踟蹰，号鸣而去。小的燕雀在同样情况下也是叽叽喳喳，然后才离开。这些都是它们的感知。《礼记》说"獭祭鱼"，就是认为獭也具有一定程度的仁慈之心。流传甚广的儒学蒙书《名贤集》中有类似的诗句，如，"马有垂缰之义，狗有湿草之恩""儿不嫌母丑，狗不嫌家贫""羊有跪乳之恩，鸦有反哺之义"，说的都是动物的神异之处。南宋理学家朱熹（以下称"朱子"）认为，人和动物都是由太极（理）、气构成的，蜜蜂和蚂蚁各有其君臣之义，虎与狼也各有其父子之亲。这是动物对于仁义的一点明晰。动物的问题是不能由此推出去，推广到万事万物，这是它们的局限性。

儒家文化关于神灵动物的认识具有生态意义。无论獭是不是真的有"祭鱼"的能力，儒家的这种认识决定了中国人对于动物的慈爱态度。儒家认为，神异动物是一个社会政治和谐、民风淳厚和环境优美的美好价值的象征和体现。所以，一个社会应该设法使神异动物出现。儒家的理想社会是"大同"。《礼记·礼运》提出，在这种社会中，上天会降下甘露，大地会涌出甘泉，山上会出产器物和车辆，河里会有龙马负河图而出。凤凰和麒麟在郊野游走，龟和龙在宫廷的池沼里休憩。鸟的卵、兽的胎，都可以去探看。显然，这是一个尊重动物生命，与动物和平共处的社会。

儒家文化认为，为了让神灵动物出现，一个社会必须做到两点。首先是自然环境好，其次是社会环境好。其实，照古人的看法，良好的社会环境——"天下太平"之中，本来就包含自然环境的因素。古人认为，政治清明也会促使气候风调雨顺，阴阳按照它们的顺序运行，风雨及时降临，寒暑依次交替。只有在天下太平的时候，凤凰和麒麟才能降临，龟、龙才能前来。《礼记》称此为"功成而太平，阴阳气和而致象物"。据说，齐桓公曾经想到泰山封禅，管仲劝阻他说，"圣王功成道洽，瑞应之符出现以后，才能去封禅。现如今你治下的齐国，凤凰没有降临，麒麟逃遁，你怎能去封禅呢？"

必须指出的是，儒家认为，社会环境良好中包含人对于动物的态度。人必须用道德的态度对待鸟兽，它们才会来到人间；人还必须畜养这些动物，使它们能够过一种安然祥和的生活。如前所述，古人认为四灵动物是动物的统帅或代表，所以，在一个社会中，如果龙得到畜养，鱼、鲔见到人就不会在水中惊恐游走；如果凤得到畜养，鸟类见到人就不会惊恐飞走；如果麟得到畜养，兽类见到人就不会惊恐逃窜；如果龟得到畜养，甲壳类动物就都可以和人们游玩。龟有预卜的能力，所以，借助于龟类，就可以了解这个社会的人情世故。在古人看来，龟龙麟凤都是感受到人们对它们的仁义态度才到来的。汉代大儒

董仲舒

董仲舒在《春秋繁露》中也提出了善待动物的主张。他说，施恩及于鳞虫，鱼就会长成；如果虐待鳞虫，鱼就不能长成，群龙深藏。施恩及于羽虫，飞鸟就会长成，黄鹄出现，凤凰翔集；如果虐待羽虫，飞鸟就长不成。施恩及于毛虫，走兽就会长成，麒麟到来；如果四面张网，焚林而猎，虐待毛虫，走兽就长不成，白虎凶残妄搏，麒麟远去。施恩及于介虫，鼋鼍一类就会长成；如果虐待介虫，龟就会深藏，鼋鼍之类不能长成。

"泽及草木"——对于植物的关爱

　　植物在儒家文化中是道德关怀的对象,关爱植物是历代政治生活的一部分。和对待动物一样,儒家对待植物的态度也是尊重其生命,让植物完成自己的生命。为了生存,儒家也主张利用草木,开辟土地,发展农业。但是,儒家还要求保护荒野,提出了保护林木的措施,要求植树造林。历代政权把儒家的措施变成了政令,设置专门机构管理林木。

一、"泽及草木"与仁民爱物——对于植物的珍爱

> 路边的芦苇啊,一丛又一丛。
> 可不要让牛羊践踏啊!
> 芦苇的花儿,还含苞未放,
> 芦苇的叶儿,还很稚嫩,没有长出多少。

　　这是《诗经·大雅·生民之什》的一章。《毛诗》认为这一章表现了周族先王"仁及草木"的忠厚仁德。西岐周族对于草木尚且这么珍爱,更何况人呢?所以岐周部落最后统一了天下。孟子提出"亲亲而仁民,仁民而爱物",就是说,君子对于

自然之物，应该爱惜它们，但不用仁的态度对待它们；对于百姓，应该用仁的态度来对待他们，但不是把他们当作自己的亲人。君子亲自己的亲人，仁爱百姓，爱惜万物。这表现了在爱有差等原则下儒家对于自然界、百姓、亲人的不同程度或等级的爱。孟子所谓不用仁的态度对待万物，不是说不爱动植物，而是说虽爱但仍不得不把它们作为食物或祭品。在施恩的顺序上，儒家把人放在首位。就此而言，孟子的态度似乎仍有一定程度的人类中心主义倾向，但这种人类中心主义不同于近代以来西方的人类中心主义，它有内在的限制，即不滥用或虐待动物。《诗经》中涉及植物 143 种，动物 109 种；孔子在《论语》中说"多识草木虫鱼之名"，这些都表现了古人对于自然的亲近感。汉代郑玄说："仁，爱人以及物。"唐代贾公彦指出："所谓仁是爱人以及物，是说有仁德的人内心中有善，把内心的善施加到外物上去。像《行苇》诗中赞美周成王的'敦彼行苇，牛羊勿践履'，就是爱人及于苇，苇就是物。"促使草木繁茂在古代是一项政治要求。《尚书·洪范》提出，一个社会有六种不好的现象，第一种是"凶短折"。按照古人的解释，人夭折叫"凶"，禽兽死亡叫"短"，草木死亡叫"折"。这表明，使草木正常生

郑玄

长是一项政治要求。武王伐纣后,抨击商纣王"暴殄天物"。按照传统的解释,是指除了害人之外,鸟兽草木皆被残害、灭绝。由此可见,不能虐待草木,也是一项政治要求。董仲舒说,如果施恩及于草木,树木就会华美,地上会长出瑞草;如果虐待树木,那么茂木就会枯槁。

汉代鉴于秦朝仁义不施,遽尔灭国的教训,特别重视把仁爱的德性施加于包括草木在内的自然世界。汉代文化的综合性特点在这个问题上的表现也非常明显,如贾谊就曾经把先秦孟子对于动物的态度,《春秋》等典籍中关于狩猎不合围、不掩群以及草木不零落,不到山林砍柴伐木等内容综合起来,强调这些都是仁德的表现。稍后晁错在上景帝的奏章中提出:要使天上的飞鸟,地下的水虫、草木之类,都能得到仁德的恩泽,这样才能阴阳协调,四时合序,日月光明,风雨及时。

贾谊、晁错的见解表明,在汉代,德及草木的生态观念已经非常普遍,这和前文商汤网开三面中的"德及禽兽"是一致的。汉代的著作中出现了大量的上古圣王节用水火材物的记载,如《史记》中,司马迁说颛顼"养材以任地",帝高辛"取地之财而节用之"。《大戴礼记》中,有孔子说黄帝节用水火材物,在他活着的时候,百姓得利百年的话语。这些都表明在儒家文化中,爱的对象是包括植物的。如果借用当代生态哲学的话就是说,在中国哲学中,道德共同体的范围不仅包括动物,也包括植物。关于道德共同体的典型表述,应该说是北宋张载《西铭》中所说的"民胞物与",即"百姓是我的同胞,万物是我的朋友"。《宋史·道学传》说:夏商周三代兴盛的时候,天子把这样的道作为政治、教化的内容，大臣和各级官吏把探究这样的道为职业；在乡间的学校"庠"和"序"里，老师和弟子讲习这样的道，广大百姓在日常生活中无意识间遵照着去生活的，也是这样的道。所以，上天所覆盖的，大地所承载的，没有一个百姓、一件事物不是受这样的道的恩泽而实现自己的本性的。就一个共同体来说，只有当其中的每一物都能完成或者实现自己的本性时，它才是完善的。在儒家文化中，道德共同体的完善意识是十分明确的。在儒家教育儿童的蒙书《千字文》中，有"鸣凤在竹，白驹食场。化被草木，赖及万方"的说法，明确地教育儿童把道德共同体从人推及至动物、植物。王符在《潜夫论》中对《诗经》"敦彼行苇"那段诗解释道：公刘的厚德，恩及草木，连羊牛六畜都能受他的厚德的感染，不忍践踏生草，何况受到教化的百姓？君子修明自己的和乐安易的道德，上至飞鸟，下及渊鱼，无不感受到道德的关怀而欢欣愉快。

儒家对于植物的爱，是一种珍重、爱惜的态度。儒家珍重植物的生命，尊重其生命的完整性，由此出发，要求等林木完成一个生长周期或者完成整个生命周期后才去砍伐它。当然，儒家也把植物作为食物、器具来使用，就是说，植物在儒家文化中也表现为一种使用价值。但珍惜植物生命的价值观使儒家在使用植物时，强调不滥用或浪费植物，否则就是暴殄天物。表明这种态度的范畴在儒家文化中有两个，一是"以时"，一是"节用"。"以时"是遵守一定的时间或季节的限制使用植物；"节用"是保持量的限度，不滥用植物、浪费林木等。如前所述，孟子说，不违背农时，粮食就吃不完；遵照时限砍伐山林，林木就用不完，这样老百姓养生送死就没有缺憾，这是王道的开始。孟子对于滥伐导致山林毁灭的事情有深刻的印象。他曾经指出这样一个事实：牛山是齐国国都郊区的一座山，林木茂美。但是因为它在近郊，总是被人们伐了又伐，树木萌蘖的幼芽又被牛羊啃吃了，于是就成了濯濯童山。荀子在《王制》篇中强调：在草木繁荣生长之时，不能进山伐木，为的是不夭杀树木、断绝它们的生长。春耕、夏耘、秋收、冬藏不失时机，百姓就会有余粮。按照时令规定砍伐和养育树木，森林就不会被砍光，百姓就会有用不完的林木。荀子还说过：要严格执行放火烧田和焚烧树林造田的制度，要养育山林薮泽的草木、鱼鳖、百物，按照时限禁止和开放，使国家材用充裕，这些都是虞师的职责。和顺乡里，安定田宅，指导百姓饲养六畜，种植树木，风劝教化，使百姓心向孝悌，按时修身养性，乐天顺命，安土重迁，这些都是乡师的职责。孟子和荀子所说的时限，都是生命周期或生长周期。在他们看来，一方面，应该让植物至少完成一个生长周期，另一方面，也要限制一定的数量，不能过度砍伐。这些思想在孟子那里是仁政，在荀子那里是王制，即圣王的政治制度。

尤其需要提出的是，据《礼记》的记载，孔子把"以时"砍伐的思想上升到了孝的高度。曾子说：按照时限砍伐树木，宰杀禽兽。孔子说过，如果不按照时限，即使砍伐一棵树，杀戮一只野兽，都是不孝。在《论语》中，仁是孔子的核心概念；《论语》又说"孝悌是仁的根本"。可见，孝是仁的一个根本方面，这是因为仁中包含着爱和恕，也包含着礼的制约。《孝经》说，"孝是德性的根本"，"教民亲爱，没有比孝更为合适了"。根据上述说法，我们大致可以推出以下越来越核心的概念结构：仁—孝—对于动植物的爱。由此可见，生态之爱是儒家思想的核心之一。如果说树木也是孝的关怀对象的话，显然它就是道德共同体的一部分。

如前所述，珍爱自然的另一个角度是"节用"。《论语》中孔子已经说过：节用，爱人，遵照时限让百姓服劳役。荀子说，使国家富裕起来的方法在于"节用，让百姓富裕，然后把节余的财物积攒起来"。如何做到节用，荀子指出：节用的方法是依照礼制，富民的方法是运用政治。荀子认为，如果百姓富裕，那么，他们就会致力于治理田地，产出就会成百倍地增加。再加上按照礼制消费，剩余的财产就会像山一样多，统治者也会因此得到仁义的名声和多如山丘的财富。在不同的场合，荀子还分别谈到过"务本节用""强本节用"等，他所说的"本"是农业。《孝经》谈到庶人的孝时说，"利用天道，分享地利。谨身节用，以养父母"。所谓"利用天道"，即顺应天时，也就是遵循自然的春生、夏长、秋收、冬藏的规律。所谓"分享地利"，是按照土地的特点，因地制宜地发挥它的作用。"谨身"即按照礼义约束自己，远离耻辱；"节用"即节省财物，就能够免去饥寒，从而公赋、私养都不欠缺。

不过，由于历代生活用木，尤其是统治者修建宫殿以及厚葬浪费大量木材，造成了对森林的极大破坏。到汉代，植被破坏已经达到了相当严重的地步。《盐铁论·散不足》篇曾严厉批评当时宫室奢侈，说这是林木的蠹虫。东汉末年，统治者为了修建洛阳宫殿，曾经把太原、河东一带的大型林木砍伐殆尽，致使长安附近已无林木可用。《潜夫论》的《浮侈》等篇斥责京师的贵戚们使用江南的檽、梓、楩、楠等贵重木材，消耗了江南的林木。当代考古发现了史书记载的汉代"黄肠题凑"的埋葬方式，其做法是在厚重的棺椁之外，再把约50厘米长的不太粗的去皮直柏木，木心朝内摆放为椁外四面的墙。一幅"黄肠题凑"要耗费大量的木材。又据顾炎武的记载，清初北京密云一代还有几人合抱的巨树，清朝定都北京后，这些林木逐渐被砍伐一空。

黄肠题凑

二、神秘的植物

1. 五行中的木

五行金、木、水、火、土既是实体，表示五种实际的事物，也是事物的性质、功能，还是中国古代对于世界万物的一种分类体系。植物类在五行中属于木。关于木的性质，箕子说是"可曲可直",这显然是把木作为木材或树木看待的。木能够在五行中有一个地位,表明了中国古人对于植物对人类生存的意义和重要性的认识。五行有不同的排列顺序,金木水火土是常见的一种。五行在它最初出现的文献中的顺序是水、火、木、金、土。由于五行是相生相克的,所以可用任何一行开头。在中国哲学中,五行主要是一个分类系统,表示性质不同的世界万物之间的联系。五行的生克是这样的:金克木,木克土,土克水,水克火,火克金;金生水,水生木,木生火,火生土,土生金。在这个系统中,木克土,又被金所克;木生于水,又能生火。这些看法反映了古人对于世界的联系的认识。像金克木、木生火都是十分经验性的,一目了然。水生木说明了植物生长和水的关系,木克土则说明了植物初长出地面时对覆盖自己的土壤的克服。

《易·屯》卦《象辞》在谈到草木初生时说道,"刚柔始交,

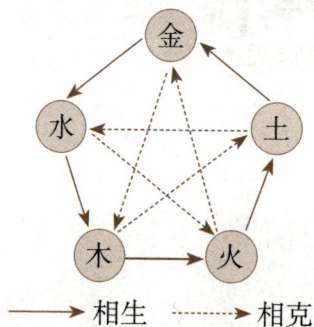

——→ 相生　┈┈→ 相克

困难产生",《解》卦《象辞》说"雷雨作,而百果草木皆甲坼"。应该说,每一个生命的出生,都要经历一个克服艰难险阻的过程。事实上,木的诞生,当然需要土壤提供养分,它所需要的水分,大部分也是从土壤中吸收的。可是,五行生克不说土生木,而

说木克土，这表明了古人对于植物生命诞生的艰辛的体认。这种体认孕育了对于植物生命的珍惜和尊重的态度。

2．移情与瑞应

在儒家文化中，爱护植物还有一个移情的神秘维度。所谓移情，就是把自己和自然界的植物相类比。如在《论语》中，孔子说"岁寒，然后知松柏之后凋也"，就是把松柏和人的刚直的德性相类比。《诗经》有赋、比、兴三种修辞方式，照刘勰、朱子所说，"比"是把两种事物合起来，"兴"是先说一事物而引起另一事物。用今天的话来说，"比"是比喻，即通过观察事物之间的类似性，用此物指代彼物，或用具体可感觉的事物帮助理解不可感觉的抽象事物或道理；"兴"是用一物引起所要说的另一物。比、兴的手法在《诗经》中屡见不鲜，如"参差荇菜，左右流之。窈窕淑女，寤寐求之""南有樛木，葛藟萦之。乐只君子，福履成之""桃之夭夭，灼灼其华。之子于归，宜其室家"等等。屈原在他的作品中，总是把自己比作各种香草。可以想象，如果没有一个良好的自然，如何进行比兴？从这个角度逆推过来就会发现，为了使人们的情感有一个合适的抒发条件，儒家文化也一定要爱护自然、珍惜自然的。

前文说到四灵动物在人间政治清明、德及禽兽的时候才出现。其实，在儒家文化中，不仅有神异的动物，也有灵芝瑞草之类的神异植物，它们也是在社会政治清明的时候方才出现的。《援神契》中说，把道德的态度推及至土地，土地就会生出嘉禾、蓂荚、秬鬯这些珍异的草木；推及宇宙天空，天空就会现出景星，推及草木，地上就会生出朱草、连理木。这里的嘉禾、蓂荚、秬鬯、朱草、连理木都是儒家所认为的神异草木，是人间政治的"瑞应"。东汉时，王充以"疾虚妄"的态度，对这类瑞应进行了许多批判。不过，客观地说，珍禽异兽、奇花异木唯有在自然环境和社会环境美好时出现，是符合生态学原理的。王充不经意间流露出了当时人们的见解，即瑞应之物是应"和气"而生的，生于常类中又有异于常类之性，所以才叫瑞应。他所说的"和气"，就是良好的生态环境。"瑞应说"之所以具有生态意义，也是因为在儒家文化的氛围下，历代统治者都追求瑞应，这就促使他们用生态的态度对待自然。当然，夸大瑞应的程度，甚至为了迎合政治人为地制造瑞应，则是另外一回事。

3. 社稷之木

与瑞应植物相近的具有神意的树木是社木。社是社稷，社木即社稷中生长的树木。每个政权都有自己的社稷，天子有太社、王社，诸侯有国社、侯社。社稷是一个王朝与天意沟通或者取得自己的神意合法性的地方，是政权的象征。一个王朝推翻另一个王朝，一定要毁坏前朝的社稷。一个王朝为什么要立社稷？照《白虎通义》的说法是要为天下"求福报功"。因为土地、粮食是人们赖以存活的根本。土地广博，不可遍敬，五谷众多，无法全祭，古人遂以"社"代表土地，"稷"代表粮食。"社"为五土的总神，"稷"为五谷之神。

社和宗庙最大的不同是它有墙无屋，其中种有树木。照《礼记·郊特牲》的说法，这是因为社必须"接受风霜雨露，与天地之气相连通"，实际上也是与天意相沟通。社稷必种树，这

北京社稷坛，始建于永乐十九年（1421 年）

在古人是有明确记载的。木生于土，土所生的万物中树木最为高大美好，所以社稷必须种树木。社稷有树是常例。社稷一般种什么树？《论语·八佾》中宰我说，夏代社稷种松树，商代种柏树，周代种栗树。《白虎通义·宗庙》认为，夏代用松，为了使民"自竦动"；商代用柏，为了使民"自迫促"；周代用栗，为了使民"自战栗"。《周礼》则平实地认为，社稷的树是根据当地所适宜的树木而种植的。《尚书》逸篇说，大社种松，东社种柏，南社种梓，西社种栗，北社种槐。《白虎通义·社稷》认为，社稷种树是为了让老百姓远远就知道那里是社，以表达对社的尊敬；其次也是为了表功。但如前所述，因为社有沟通天人的意义，所以，参天的社树实际上是一种象征，代表着一个政权与天地之气的沟通，也即与天意的沟通。这正是社稷之

树的神秘意义或神圣意义。这表明了古人对于树木连通天地的生态意义和连通人神的神秘意义的双重认识。如果一个王朝灭亡了，取代它的王朝一定会在原来王朝的社稷里盖上屋子，其意图是要隔绝它与天地之气的沟通。因为社稷是人与天意沟通的地方，所以天子、诸侯都祭祀社稷。天子祭祀社稷用太牢，诸侯祭祀社稷用少牢。祭祀社稷的意图在于"报本"，即报答天地。树木是天人通气的标志，它的这种作用促使人们重视和保护它。

4. 树木的精怪

在自然祛魅以前，关于树木，有很多鬼神的传说。诸如树上住有鬼神，树木变成了鬼神之类。在《国语》中孔子说，木石的怪物叫作夔、魍魉，水的怪物叫龙、罔象，土的怪物叫夔蝄。这表明春秋时期流传有"木石之怪"的说法。古人认为，社木上住有鬼。《史记·陈涉世家》记载，陈胜起义前为了宣传，暗地叫吴广到驻扎地附近的丛祠里，晚上打着篝火，学狐狸叫

古代传说中的夔

"大楚兴,陈胜王"。这里,"丛"是树丛,是鬼所居住的地方。"丛祠"
是一个祭祀鬼神的地方。《淮南子·说林》中说,要欺侮别人
家的鬼,就在路过他们的社时使劲摇社木的树枝,因为"社鬼"
居住在社树上。应劭《风俗通义·怪神》记载有"世间多有伐
木血出以为怪者"一条,说是桂阳太守江夏郡人张辽,字叔高,
家居买田,田中有一大树粗数十围,冠盖数亩大,影响庄稼生
长。叔高去砍它,结果从树干中流出血来,从树枝上出来几个
"白头公",高四尺左右,扑向叔高。叔高迎上去,一共杀了四
个。周围的人都吓坏了,叔高却神态自若。他仔细观察了这些
被杀的东西,发现它们既不是人,也不是兽,随后把树砍了。
应劭评论说:木石之怪叫作夔、魍魉,这些东西怎能害人? 这里,
作为受"子不语怪力乱神"传统影响的学者,张辽和应劭不相信、
也不畏惧所谓"木怪",但这反衬了此类迷信在当时是十分普
遍的。王充《论衡·订鬼》中说,如果人在山林中得病,见到
的鬼是"山林之精"。在当代民间信仰中,鬼、仙、神构成一个
自下而上的神灵等级体系。鬼的活动范围是地表及地下,仙的
活动范围是地上、树上、山上等半空中,神的活动范围则是树
和山以上的区域,也就是半空以上范围。树是仙的家。高大茂
密的树上往往住有仙,不能随便砍。鬼是最低级的神灵,鬼再
进一步可能会成"精"。仙比鬼高一级。鬼常常是人死以后所变,
来源比较单一。仙的来源则比较复杂,往往是动物或植物经过
几千年的修炼变成的,出名的是各种狐仙。鬼和仙多非善良之
辈,会危害人,不能砍树也是因为人们害怕它们会报复的缘故。
当然,鬼也不一定就强过人。民间有一种说法,叫作"鬼怕恶

人"。相比之下，神则是心地善良、会保佑人的。在中国文化中，各种神仙学说往往与道教有关。这些树木精怪的迷信，都在一定程度上起到了保护树木的作用，因此也具有生态意义。

还有一些与树木有关的灾异现象。《春秋·成公十六年》有"正月，雨，木冰"一条；《汉书·五行志》有"十二月，李梅实""十月，桃李华，枣实"等条目。木冰和李梅实都是气候失常的结果。按照儒家的观念，天地运行有正常的秩序，失序就会带来自然和社会的异常事件。正月是冬天，应下雪却下了雨，这就不正常；雨又凝结为冰，在树木外裹了一层，就显得更加异常了。刘向认为木为少阳，是贵臣卿大夫之象。木结冰是阴气胁木，有贵臣将要受害；还有一种说法认为木冰是木披甲，甲是战争之象，所以这一年发生了晋楚鄢陵之战。在古人的心目中，树木是自然和社会的一个标尺。其背后的隐秘性根源可能是这样的，树木比一般的植物生长期长，形体高大，所以树木是连通地与天、人与自然的一个渠道，天地之气通过树木表现出来。《五经通义》说"万物莫善于木"，理由正在于此。古人通过树木来认识自然，以及人和自然的关系是不是发生了异常。这样我们就不难理解古人有通过"望气"的方法观察一个地方的人物的习惯了。据《后汉书·光武帝纪》记载，有个会望气的人叫苏伯阿，他作为王莽的使者到南阳，远远望见刘秀的出生地春陵郭，感叹说："气佳哉！郁郁然。"后来刘秀问他怎么知道这里气佳，苏伯阿回答道"看见这个地方郁郁葱葱"。显然，郁郁葱葱不只是说这里的树木茂盛，还表明这里天地之气的运行通畅，天人关系协调。这些神秘的方面表现为树木郁郁葱葱，从而，树木郁郁葱葱成为一个地方气的运行的外在标尺。在儒家思想中，天地之气不仅凝聚为物，也凝聚为人。得到这种通畅和谐之气的，即成为钟灵毓秀、人杰地灵等词语中所说的杰出人物。自然——树木——人物就这样被联系在一起了。

5. 祭祀山林

山林在儒家文化中也是祭祀的对象。《诗经》上说："怀柔百神，及河乔岳。"按照儒家文化的理解，"百神"中就有山林之神。《周礼》规定"大宗伯"的职责是掌管天神、人鬼、地祇的礼仪，以帮助天子建立和卫护邦国。大宗伯主持的祭祀活动就有一项是祭祀山林，其方法是埋狸，这是遵照山川含藏事物的本性进行的。山林没有水，所以采取埋狸的方式；河流有水的流动，所以采取沉狸的方式。又据《周礼》记载，畿内的山林有专人负责进行四时祭祀，祭祀时要整治道路，设立神坛。

为什么要祭祀山林？《礼记》举出了两个理由，一是山林能够"兴云致雨"，一是能够"供给百姓财用"。古人认为山林是"神"。这里所说的"神"不必是有形象的人格神，而是自然的知其然而不知其所以然的神奇作用。照《礼记》所说：风雨云露益于人的，都叫作神，都应该得到祭祀。《礼记》又说：山林、川谷、丘陵能出云，为风雨，出现怪物的，都叫作神。拥有天下的人应该祭百神。如果山林川谷在诸侯的地界，诸侯也可以祭祀它，不在则不能祭祀。祭祀的场所是"四坎坛"，即四方各一坎一坛，祭祀四方的山林、川谷、丘陵中"有益于人民"的神。

照《礼记》的说明，"怪物"是"庆云"。王充在《论衡·祭意》也提到"山林川谷丘陵之神"。《礼记》在讲到祭祀的范围时说：日月星辰是百姓所瞻仰的对象，山林川谷丘陵是百姓取得财用的地方，不属于这一类的，都不在祀典之中。

　　的确，山林有兴云致雨、循环水分、调节气候、维持生态平衡的作用。古人观察到了这种现象，但限于科学水平，没有把它纯粹归结为一种自然现象，而是归结为"神"。他们通过祭祀森林的这种神秘性的做法，表达自己的敬畏之情，这其实也是对生态的敬畏之情和对自然的感激之情。山林供给百姓材用，这是山林的使用价值和意义。近代西方文化把上帝置于自然之上，把爱和感激的情感都给予了上帝，对于自然就只剩下征服和占有。从这种意义上说，基督教的上帝观念不及中国的自然神论思想或泛神论思想有利于生态。《诗经》中有一首《甘棠》的诗，记载了召公在甘棠树之下决狱断案，从公侯到百姓各得其所，无有纷争的事情。召公去世后，百姓怀念他，不愿砍伐那棵甘棠树。后汉王符赞叹"召公甘棠，人不忍伐"。《礼记》有一条古人祭祀山林的说明，说齐国人在祭祀泰山之前，先要祭祀"配林"。因为配林是泰山的从祀者，所以先祭它，然后再祭泰山，这其中包含着由小到大的含义。汉代以后，祭祀山林已经非常普遍了。《汉书·郊祀志下》说到祭祀的对象是"天地神之物"。按照颜师古的说法，这当中就有"山林之祇"。每到新皇帝即位，他的祭祀对象中总包含山林。如《后汉书》记载光武帝刘秀即位，就曾广泛地祭祀了天地、六宗和群神。这里的神，和《礼记》所说一致，都是"山林川谷能兴致云雨者"。

三、草木与生活

1. "刳木为舟"——林木的开发和使用

上古时期，中华文明诞生和发展地区的自然环境并不太好，不少典籍的记载都表明了这一点。孟子曾说，在尧的时候天下还很不太平，洪水泛滥，草木丛生，禽兽杂多，横行国内，粮食歉收。尧非常忧虑，委任舜进行治理。舜派益掌管火。益采用放火烧山的办法，禽兽就逃窜了。舜又派禹治理洪水，禹疏通了九条大河，疏浚了济水、漯水流向大海的通道，决通了汝水、汉水，把淮河、泗水排往长江。这样，中国的百姓才过上了安稳的生活。孟子这段话记载了古人最初处理草木的方法。那时人类还很弱小，面对自然首先要解决的是生存问题。益放火烧山赶走了野兽，焚烧草木又肥沃了土地，形成了农田，为人类在自然界中开辟了一片生存空间。征服自然，开拓生存空间是中国上古时期人与自然的关系的基调。人作为一个物种，为了生存，学会了使用林木等自然资源。照古籍的记载，有巢氏"构木为巢"，一个不知名的圣人"刳木为舟"，奚仲作车，也有传说是黄帝作车；人们学会了伐薪烧炭等，这些都是对于林木的利用。据《周礼·冬官》的记载，专门的木工有轮、舆、弓、庐、匠、车、梓七种。据英国著名中国科学史专家李约瑟的研究，中国人发明了轮子。箕子在给武王陈述五行时曾经指出，木的特点是能曲能直；荀子在《劝学》篇中说，木直得能够经得起绳子的测量，可是，经过火烤后就可以把它燥为轮子，它会圆到可用圆规来测量的程度。荀子是以此为例说明人可以通过学习改变自己的，不过从他的说法中我们可以看出当时人们用木材制造轮子的工艺。据《周礼》记载，轮人制造轮子、毂、辐、牙，斩伐木材必须遵守时间的限制。比如，在阳面的木材仲冬斩伐，在阴面的则仲夏斩伐。

传说中的有巢氏

2. 伐木、焚草为田

在人类历史上，农田大都是通过伐木或者焚草开辟出来的，中国也不例外。《周礼》给我们透露了一些这方面的信息。据《周礼》记载，古代有专门管理林木的官员"柞氏"，他的职责是"主管治理草木及林麓"，属员有下士八人，徒役者二十人；还有专职负责除草的官员"薙蓲氏"，属员有下士二人，徒二十人。"柞氏"的工作是消除一块土地上的树木，办法是在夏至的时候，把山南面即阳面的树木的皮剥去，然后放火烧它；冬至的时候，把山北面即阴面的树木的皮剥去，用水泡它，使它不再生长。夏至剥阳木是因为夏至时一阴复生，阳木得阴就会生长；反之，冬至砍阴木则是因为冬至时一阳复生，阴木得阳就会生长。到来年春秋时节，火烧过的树木再用水泡，水泡过后再用火烧，后年即可耕种。"柞氏"也兼有除草的任务，主要是除树木以下生长的草，"薙氏"则是专职除草。除草以后用火烧掉，然后用水冲泡。照《周礼》解释，柞氏和薙氏的工作是开辟田地，来年种植粮食。除木、除草之所以用火烧，用水泡，实际效用一方面是使土地平整干净，另一方面更为重要的是给土地施肥，使土地变得肥沃。据《礼记·月令》记载，夏至时，除草，风干，火烧，然后等大雨来时淋浇，这样土地就会变得很肥沃。孟子提到过"辟草莱"以开辟土地的做法，大致与此相同。《周礼》还记载，秋天有叫作"尝"的祭祀，是尝新谷。新谷丰收，当然有除草的功劳。在这个祭祀上，肆师还要占卜来年的除草活动是否顺利等。《诗经·载芟》有意为"又除草，又伐木，土壤松软"一句，表现的正是除草斩木开田辟地的情形。牧地也有焚草肥地的做法。《周礼》记载有"牧师"一职，即牧马的官吏。他的职责中有"孟春焚牧"一项，就是在初春时节新草将生之时放火焚草，烧掉旧草以便新草生出。牧师还有帮助焚草莱田猎的职责。焚草莱是山虞、泽虞负责。二月焚草莱除旧生新之时，牧师帮助进行这项工作。焚草田猎也会得到新的土地。据《春秋左传》记载，鲁桓公七年春二月，"焚咸丘"，即用放火烧草木的方法狩猎。按照礼制，春天的狩猎活动是蒐狩，对于禽兽有所拣择而猎。火田的方法却是对于猎物一举打尽，不符合礼制，所以《春秋》特意记载了下来，但实际上焚咸丘的目的也有可能是为了得到土地。放火烧荒是古人获得土地的一种方法。

此外，还有通过水利开辟田地和改良土壤的做法。这主要是春秋战国时期水利技术发展的结果。据司马迁《史记》记载，秦国蜀守李冰父子修建了都江堰，穿二江于成都，既能行舟，余水还能灌溉，百姓得到了很大的利益。都江堰工程至今还发挥着作用，成为人类水利工程的奇迹。魏国西门豹引漳河水灌溉邺，魏国的河内（今河南西北部、河北南部地区）一带从此大富。十分有趣的是秦国修建的郑国渠。当时韩国为了分散秦国的国力，不让它侵略自己，派水利专家郑国到秦国游说，让秦国修建一条从中山西开凿泾水直达瓠口长达三百余里的水渠，灌溉沿途田地。结果事情败露，秦王要杀郑国。郑国说，自己原来的确是来做奸细的，可是渠修好后秦国还是真的会受益的。秦王认为他说得也对，就让他继续主持修渠。水渠修成之后，水夹带的淤泥在灌溉的同时也改良了土壤，过去的潟卤之地四万余顷都变成了肥沃的良田，收成很高。从此关中成为沃野，再没有灾荒之年，为秦国最终统一中国奠定了坚实的物质基础。

关于草，古人还发现了它与生活相关的其他用途。最值得提出的是用草做药物，"神农氏尝百草"的传说早已家喻户晓。关于治病的药草，这里不做详述。我们主要看看古人是怎样利用草攻治环境中有害于自己生存的毒虫或动物的。这是用生态的办法对待生态危害。这样的草有"嘉草""莽草"等名目。据《周礼》记载，掌管防治毒虫的官吏叫作"庶氏"，庶氏点燃"嘉草"熏毒虫，然后人们再驱赶它们。"嘉草"是什么，唐代以来就已经不清楚了。《周礼》还记载了一种掌管驱除"蠹物"的官吏"翦氏"，他的办法是用"莽草"熏。蠹物也就是今天我们所说的啃食衣物、鱼肉之类的蛀虫。莽草熏蠹虫，能够杀死它。"莽草"是什么，也已不详。

在祭祀中，古人用草制作"刍狗"，又用草做香料。如春秋时期，齐国联合各国攻打楚国，理由之一就是楚国没有及时供给周王祭祀用的"苞茅"。祭祀中有一个活动叫作"裸"，就是把酒倒向香草中。用作香草的是郁，即郁金香草。负责这项工作的人叫作"郁人"，他的属员有下士二人，府二人，史一人，徒八人。用的酒是由"鬯人"掌管的，"鬯人"的属员与"郁人"的属员相同。祭祀宗庙或招待宾客时，鬯人把用秬（黑黍）酿成的酒交给郁人，郁人把酒和香草一起煮，使酒有香味，这叫作"郁鬯"。草也很早被发现可以用作染料。《周礼》中就有"掌染草"的官吏，属员与"郁人"同。古人发现可用作染料的植物有蓝草、蒨草、橡斗之类。掌染草的官员的职责是春秋时节收集染草之物。

3."播种百谷"——关于农业与农作物

在人类文明史上，中国是最早发明农业并且农业技术一直处于最为发达水平的国家之一。1972 年冬天，河北磁县群众在开渠修坝时意外地发现了一座距今 7335—10000 年伏羲、神农时代的原始村落——磁山文化遗址。考古工作者在这个遗址中出土了大量的粟。这个发现把中国种粟的历史向前推进了 2000

年，证明中国是粟的发源地。1989 年，中国考古工作者在浙江河姆渡发现了 7000 年以前的河姆渡文化遗址，在遗址中出土了 7000 年以前的稻谷，把中国种植水稻的时间向前推进了

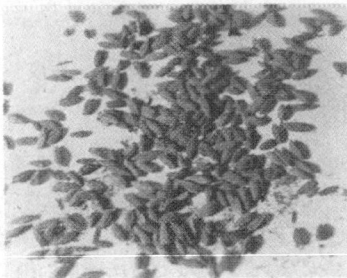

新石器时代稻谷
（浙江余姚河姆渡出土）

2000 多年。磁县文化遗址和河姆渡文化遗址都属于新石器时代。1989 年考古工作者还在传说中的伏羲故里河南淮阳县发现了距今 4600 年前的龙山文化时期的粮仓。1931 年考古工作者在传说的后稷的发源地山西万荣县荆村遗址发现了距今 2500 年前的新石器时代的高粱标本。司马迁在《史记》中曾经记述了神农、黄帝、后稷发明农业的历史。关于神农氏，《史记》的记述很少。从《五帝本纪》推测，神农氏可能是一个率先发展农业的氏族。这个氏族有一个被后人称作"神农"的人，他首先发明了农业，然后这个氏族凭借先进的农业技术成为一个统治氏族。到轩辕氏黄帝的时候，这个氏族已经衰落。黄帝消灭了这个氏族的最后一个领导者炎帝，最终成为中原地区的统治者。神农氏的创立人为什么被称为"神农"氏？《白虎通义》说，古时候，人们靠吃禽兽的肉为生。到神农的时候，随着人口的增加，禽兽的肉不够吃了。于是神农遵循天道的四季运行规律，发挥土地的作用，发明了耒、耜等工具，教导百姓进行耕作，

所以，他被称为"神农"。从《白虎通义》的解释可以推断，农业的出现是因为人口和野兽的供求关系的平衡点被打破，野兽供应量不足的缘故。在此我们还可以加上另一个原因，即野兽供应量不稳定，比如在冬天，多数动物冬眠，这时要获得野兽就比较困难。农业的出现改善了人们的生存状态，所以神农成为天下的统治者。

传说中的神农尝百草

黄帝取代神农，在某种意义上也是靠先进的农业技术而成功的。司马迁对于黄帝的农业功绩的记载较对神农的记载更为详细。《史记·五帝本纪》说黄帝"修治五行之气，种植五谷"，又说他，播种百谷草木，醇厚的德行感化到了鸟兽虫蛾，旁及日月星辰水波，土石金玉。他劳心劳力，勤用耳目，节用水火材物，有土德的瑞应，所以被称为"黄帝"。五谷照郑玄的解释是黍（谷子的一种）、稷（谷子或高粱）、菽（豆类）、麦、稻。黄帝种植百谷草木，说明在黄帝时代农业有了新的发展，谷物的种类增加了。黄帝大致属于龙山文化时期，这一时期中国有较为先进的农业，已经被考古工作者在各地的发现所证实。据说宰我曾经问孔子，听说黄帝有三百岁，请问黄帝是一个什么样的人物？怎么会活到三百岁？孔子说，黄帝劳心劳力，勤用耳目，节用水火材物。在他活着的时候，百姓能够得到他的好处长达百年，他死后百姓敬畏他的神灵长达百年，他不在世而百姓仍然使用他的教化长达百年，所以说黄帝三百岁。

黄帝 轩辕氏

周朝的祖先"后稷"，也被认为是农业的继承和发展者。这当然表明了农业在古代社会中的重要性。据《五帝本纪》记载，"后稷"又叫作"弃"。他儿时做游戏就喜欢种植麻、菽，成年后喜欢农耕。他善于观察土地，把适合种植的土地用来发展农业，百姓都按照他发明的办法从事农业。尧帝知道后，就任命他为"农师"，天下人民都得到了利益。舜时爆发了大洪水，百姓陷入饥荒，舜就派弃到民间指导种植各种作物。的确，周族可能是一个擅长农业的民族。周族的祖先公刘、古公父都十分精通农业。在中原的时候，周族就是一个"有积有仓"的部落。为了躲避战乱，公刘带领周族迁往西部豳地。他用日影测量山冈的高低，观察土地向阳背阴的方位，考察河流的走向，辨别湿地与平原，按照田地征收田税。在公刘之后，周族又出现了一位贤人"古公父"。他为了躲避战患，带领周族来到岐山，开辟新的疆域，进行农业生产。据《诗经》的记载，岐山一代，"周原朊朊"，肥厚的黄土和丰沛的水源使周族的农业有了较大的发展。考古工作者的研究表明，殷商时代还是农牧兼举的。周族作为殷商后期的一个部落，发达的农业为其最终战胜殷族奠定了物质基础；后来的秦国也是依靠雄厚的物质基础统一天下的。

后稷

殷周时代，中国的农作物有五谷、九谷、百谷、桑麻等不同说法。九谷包括黍、稷、秫、稻、麻、大小豆、大小麦。五谷如前所述，是黍、稷、菽、麦、稻；也有一种说法是麻、黍、稷、麦、豆，有麻无稻。其实周代是种植稻子的。《周礼》中就有"稻人"的官吏，他的属员有上士二人（士为大夫以下的贵族，是等级最低的贵族），中士四人，下士八人，府（财物和文书管理）二人，史（文书纪录）四人，胥（小吏）十人，徒（随从赋役的百姓）百人，数目还相当庞大。稻人的职责是掌管庄稼下地，在水泽之地种植谷物。也有一种说法认为，泽草生长的地方，可以种植芒种（芒种即稻子和麦子）；有水及咸卤之地不长草，则不适合种植稻麦。从这里的说法可以看出，周代不仅种植稻子，而且对于稻子生长的土壤条件还有一定的认识。周代的农作物种植技术有很多进步，周人已经知道了辨别土质。《礼记》记载周代有"土训"的官吏，职责按照郑玄的说法正是辨别土地的肥瘠情况。还有一种记载叫作"土宜之法"，即辨别 12 种适合于不同作物的土地，引导百姓种植不同的植物，从而使人口增加，鸟兽繁殖，草木茂盛。

春秋战国时期，列国尤其是秦国十分重视耕战，农业得到了巨大的发展。首先是开辟了大量的新土地。就是重视儒家传统的鲁国，也在公元前 594 年实行了"税亩"制度，国家采用征税的方式承认个人开垦的土地归个人合法所有。后来商鞅在秦国实行变法，废井田，开阡陌，促进了土地的开辟。其次，铁器得到普及，牛耕普遍使用，提高了生产效率。再次是水利事业得到发展。如前所述，都江堰、郑国渠等水利工程都发挥了巨大的作用。第四是发明了休耕法、粪田法、粪种法等新技术。尤其值得注意的是，还采用了符合生态原则的利用动物食物链来防止病虫害的方法。

休耕在古代叫作"爰田"或"辕田"。据《春秋左传》记载，晋惠公作爰田；据《汉书·地理志》记载，秦孝公用商鞅，始治辕田。按照颜师古的解释，辕田是为了休耕而实行的一种土地分配制度。三年一休耕迁居，原是自古以来的制度。商鞅相秦，恢复了这项制度，具体是把土地分为三等，上等田地不休耕，中等田地隔年休耕，下田耕一年休耕两年。关于除草，还有一种方法是夏天大雨时节用水浸泡，使之死亡，秋天水干涸时割掉，下一年种植农作物。如前所述，薙氏的职责就是负责除草。春天除草按照杜预所说，是在草刚萌芽时耕地，把草覆盖在土中。郑玄说是锄草，夏天用镰刀之类迫近地面割草，秋天除草方法和夏天近似，冬天草在冻土中，用耜铲除。前文所说的焚草莱也是古人粪田的方法。粪种的方法是用煮熟的牛骨汁浸泡种子，不同的土壤使用不同颜色的牛，如性刚强的红色土地使用红色的牛脂之类。照《周礼》的记载，草人的职责之一是"掌粪种之法"。关于利用动物食物链，前述"鲁恭三异"就是不自觉地发挥了野鸡吃蝗虫的作用，从而阻止了蝗虫侵入自己治下的中牟。

农业社会对于粮食生产是十分重视的。《周礼》记载有"旅师"一职，专门负责征收井田中八家的农业实物税"锄粟"。对于有田不耕的农夫，罚他出"屋粟"，份额相当于三个劳动力的"锄粟"。对于没有职业无所事事的人，罚他出"间粟"，份额相当于一个劳动力的征粟。

4."有事于山林"——对森林生态作用的认识和生态维护

在春秋战国之前，农业的发展还没有形成对自然的破坏。据统计，西周末年黄土高原仍保有53%的森林。但是，进入春秋战国时期，随着农业技术的提高，人口的增加，城市得到了较大发展。城市聚居了大量的人口，他们的饮食、取暖、婚丧嫁娶都需要木材，于是城市周边的环境开始恶化。当时一些具有思考能力的人士观察到了山林与气候、人的生存之间的关系，对于开发林木、草地等自然资源提出了反思，并自觉地采取了一些系统的生态措施。

春秋时期人们已经注意到山林具有保持水土、提高降雨量和维持气候平衡的作用。山川出云、山林能兴云致雨就是这一认识的表达。据《春秋左传》记载，昭公十六年九月，郑国大旱，子产让屠击、祝款、竖柎到桑林祭祀求雨。他们没有求到雨，却砍伐了山上的树木。子产知道后斥责道："祭祀山神，应当植树造林，你们不这样做，反而斩伐树木，罪过不小。"于是就褫夺了他们的官职和封邑。从子产的话中可以看出，他已经正确地认识到了森林对于维护气候平衡的作用。汉代董仲舒在《春秋繁露·求雨》篇中说，春旱求雨的仪式是在水日那天，县邑在社稷祈祷山川，百姓祭祀内门，不得砍伐有名的树木，不能砍伐山林，后两条显然是对子产的认识的继承。

如前所述，孟子也认识到，齐国国都郊外的牛山是因为滥伐林木、过度放牧，最终成为濯濯童山的。所以，他要求封山，涵养山林。他说，如果得到滋养，没有什么不能生长的；如果得不到滋养，没有什么不能死亡的。孟子还十分前瞻性地提出了反对开辟草莱变成田地的主张。面对战国时期列国"争地以战，杀人盈野；争城以战，杀人盈城"的局面，他提出善于进行战争的人应该受最严厉的刑罚，在诸侯之间纵横捭阖的人应该受二等的刑罚，那些开辟草莱、扩大土地面积的人应该受三等的刑罚。从孟子论述的文脉来看，他认为战国时期各国所缺的不是土地，而是仁政德治，所以，不务仁政而热衷于征伐拓地就是罪过。他不是直接从生态的角度反对开辟草莱的，但他的说法从政治的角度维护了自然。

基于对于生态的初步认识，中国古人对于山林草木等自然资源采取两种态度，一是珍惜、珍视；二是尽量认识它们的特点，为它们的生长提供合适的条件。

对于一个国家来说，什么是值得宝贵的？什么东西获得后能够让人们感到安易和乐？据《国语·楚语》记载，楚国王孙圉出使到晋国，赵简子询问他楚国的珍宝白珩的事情。王孙圉说，那不是楚国的国宝。对于一个国家来说，有六样事物可称为珍宝。一是能够制定各种规则、帮助治理国家的圣人；二是保佑国家丰收、没有灾害的玉；三是能够确定褒扬和贬斥的神龟；四是能够镇灭火灾的珠宝；五是能够用来抵御外敌侵略的金属；六是能够为国家百姓提供财用的"山林薮泽"。王孙圉所说的第六项珍宝很值得注意，表明了当时人们对于自然的态度。有了能够提供财用的山林薮泽，无论是统治者还是百姓，都可以安易快乐地生活了。据《国语·周语》记载，周景王要铸大钱，单穆公进谏阻止他，认为这样做会给百姓增加负担。他说《诗经》里有这样的诗，大意为"遥望旱山山麓，长满了榛树和楛树。平易近人好君子，品德高尚有福禄"。因为旱山山麓长满了树木，所以君子才能安易快乐地寻求福禄。如果山林枯竭，薮泽耗尽，田畴荒芜，民力凋敝，材用匮乏，君子连悲哀还顾不上呢，哪里还能够和乐安易呢！从单穆公的话可以看出，古人是自觉地把山林等自然资源的丰富作为社会政治生活的基础的。

鉴于山林草木对于自然和国家人民生活的重要价值，古人自觉地认识林木草莱的自然性质，为它们的生长提供良好的条件。《易经》泰卦说，天地交通，即阴阳二气交通，草木才能繁殖，这就是泰。荀子也曾指出，万物都是在阴阳二气和合的状态下得以生长的。《礼记》《逸周书·大聚》指出，土壤贫瘠草木就难以生长，水常搅动鱼鳖就长不大，二气衰弱生物就难以长成。反之，"川渊深而鱼鳖归之，山林茂而禽兽归之，刑政平而百姓归之"。川渊枯竭，鱼鳖就会离去；山林险峻，鸟兽就会飞走；国家政治失衡，百姓就会离弃。所以，创造适合山林草木、鱼鳖禽兽生长的自然环境，在古人那里是一项自觉的任务，他们认为这是政通人和的必要条件。

5. 植树

植树造林是古人的一项政治要求，它的本质是自觉地增加财物供应，维持一定的生态平衡。《周礼》规定，百姓必须在自己的宅院里种植桑树，否则罚出"里布"。里布据说是用作货币的布，长二尺，宽二寸。汉代继承了这一制度。据唐代贾公彦所说，汉代规定，不种桑麻的人家不得衣帛，不植树的人家里死了人棺材不得有外椁。这些都是对于种树的硬性规定。周代规定了人们的12项职事，第一是稼穑，即农业；第二是树艺，即培育园圃草木；第三是作材，即生长山泽的林木；第四是阜蕃，即繁殖家畜鸟兽；第五是饬材，即百工加工木材；第六是通财，即商贾贸易之事；第七是化材，即妇女纺绩丝枲；第八是敛财，即聚敛百草果实；第九是生材，按照郑玄的解释，即生养竹木。第十是学艺，即学习六艺；第十一是世事，即继承家传职业；第十二是服事，即服务公家事情。这12项职事中，二、三、五、七、九5项都是与种植树木有关的。关于百姓的职责，统治者的要求是贡九谷，圃的职责是种树，贡草木，包括葵、韭、果蓏之类。可以说，耕耘树艺一直是百姓的日常职责。

在中国文化中，先王之制中包含植树的要求，不按照规定植树，是亡国的征兆。周定王曾经派单襄公出使到宋、楚，单襄公途经陈国，即今天河南淮阳一带，发现陈国境内水泽没有加固堤防，河道没有修建桥梁，粮食堆积在外没有收入库房，道路两旁没有树木。回到周朝王廷后，他对周王说，陈国就要灭亡了。先王之教要求九月雨毕治道，十月河枯建梁，粮食入库。这是先王不用财货而德施天下的措施。《周制》要求路两旁要植树，标出道路，有专人守路；国都郊外要有放牧的地方，薮泽要有圃草，苑囿要有林木和水池，这些都是为了防御灾害。可是陈国，看不出道路在哪里，田里净是野草，百姓疲于逸乐，陈国废弃了先王之制，一定会灭亡的。

历代统治者也很重视植树。秦始皇焚书，唯独留下了医药、卜筮和种树的书籍。汉文帝纪十二年（前168年）曾卜诏"劝民种树"，汉景帝三年（前154年）也下诏命令郡国务劝农桑，多种树。《汉书·晁错传》"种树畜长"，颜师古注："种树谓桑果之属。"睡虎地秦简《日书》中有关于植树的内容。唐代官制中还有虞部，职责为主管京城街道绿化、掌管山林川泽政令、管理苑囿，这三项职责中都有植树的任务。儒家文化重视植树，这种传统一直延续到今天。"十年树木，百年树人"的成语把植树和培养人才相提并论，虽然这个成语的落脚点是"树人"，但"树木"能够和"树人"并论，正表明了中国文化对于植树的重视。

四、林木的保护机构与措施

1. 山虞、泽虞、林衡、大司徒——林木管理保护机构

由于认识到自然与人的生存之间的密切关系，历代政府都十分重视对于林木的管理，设置了各类官职从事这项工作。最早的当然是《尚书·舜典》中所说的"虞"官。据《尚书》记载，舜帝问谁能顺从草木鸟兽的特点，帮助他管理草木鸟兽，大家都说伯益可以，舜于是任命伯益做"虞"。这里值得注意的是，舜要求"顺从草木鸟兽的特点"来进行管理。孔颖达认为，所谓顺从其特点，是按照对草木鸟兽来说适宜的方法进行管理，"取之有时，用之有节"。虞掌握法令的执行，百姓砍伐木材，受虞官的管理。所谓法令，是对百姓入山伐木的日期的限制。虞的官职得到了后代的继承，在《周礼》中叫作"山虞"或"泽虞"。照郑玄的解释，"虞"有测度的意思，虞官要知道山的大小及其物产。《周礼》指出，山虞掌管山林的政令，按照每一物的范围和区域来守护它们，设立禁令。前文所说的冬天砍山阳面的

树木，夏天伐山阴面的树木，便是禁令的一种。虞官要求按照
时限砍伐材木，对于盗伐林木的人，实施刑罚。不过，若国家的
木工为国家事务进山砍伐，则不在此限。在祭祀山林时，虞官
代表山林之神受祭。山虞的属员大山中士四人、下士八人、府
二人、史四人、胥八人、徒八十人，中山下士六人、史二人、胥
六人、徒六十人，小山下士二人、史一人、徒二十人。据《风俗
通义·五岳》记载，汉代的时候，还有山虞把守博县西北三十
里的岱宗庙。与山虞相近的还有"衡"，是掌管川林的。按照《周礼》
的体制，掌管山泽的官吏为虞，掌管川林的为衡，二者不相兼。
虞衡官职的设置说明山泽中兼有川林材木。"林衡"是专职管
理平地和山麓的森林的官吏，竹木生于平地叫作林，衡掌知林
麓的大小及其物产。林衡的职责是巡守林麓禁令的执行情况，
对执行好、林木茂盛、没有发生盗伐事件的地方的百姓实行奖赏。
至于砍伐木材，则仍由山虞掌管。林衡的属员也分为大、中、小
三类，大林麓有下士十二人、史四人、胥十二人、徒百二十人，
中林麓同于中等山虞官的属员，小林麓同于小山虞官的属员。
还有一个与保护山林有关的官职是"山师"，其责任是熟知各
地山林之名，辨别那里的物产与有害之物，颁布于国家，让人
们能够进贡当地的珍异之物。按照《礼记·王制》所说，名山
大泽是不封给臣下或王族的，所以，天子设立山师掌管远方山林，
使那里的人们进贡。名山大泽不封，往往是最高统治者独享其利，
但这在一定意义上也保护了名山大川的自然环境。

　　《周礼》中大司徒的职责也包含有林木的生态保护的内容。
照《周礼》所说，大司徒掌管全国的地图、人民的数量，辨知

各地的地域范围和那里的山林、川泽、丘陵、坟衍、湿地等著名物产，指导各地因其所宜之木而建立社稷，对百姓进行道德教化；辨别各地土壤的物产，帮助百姓选择住宅，以增殖人口，繁殖鸟兽，培育草木，发挥土地的作用；辨别 12 种土壤的不同特点，教导百姓因地制宜地进行耕种和植树。《周礼》中还有一种职位叫作"司险"，地位比大司徒低。其职责是熟知和掌管全国各地的地图，熟知各地的山林川泽的险阻，了解各地道路的情况；沟、川、河谷、大道小路两旁都要植树，并有专人把守管理。此处道路两旁植树一项就很有生态意义。当然，古人可能主要还是为了把这些地方作为险阻，以便国家发生动乱或遭到入侵时坚守。

除了上述职位之外，还有一些职位也包含一部分保护草木森林的职责。如前文说到的"草人"，其主要职责是除草，但也包含相土之宜而播种的职责。又有一种职位叫作"委人"，掌管征收远郊以外山野的贡赋，收敛薪刍以及疏材、木材，蓄聚之物等。这里的疏材指能结果实的草木，蓄聚之物指瓜、瓠、葵、芋等过冬之物。还有"场人"一职，负责掌管国家的场圃，管理种植果蓏、珍异之物，按时收敛存储，供祭祀、招待宾客使用。还有"司稼"一职，掌管巡视管理各地的庄稼，确定各地适宜生长的庄稼的种类，规定来年各地的贡赋，平均各地的粮食供应，赈济发生困难的地方。前文说到的太宰的几项职责中，有一项是"以九职任万民"，即让百姓从事九种职业，其中的种植九谷，培育瓜果草木，养育山泽林木等，都具有生态意义。

关于《周礼》的真实性，宋代以后多有怀疑。我们认为，

儒家文化大众读本 泽及草木 恩至水土

无论《周礼》是否真实地反映了周代的情况，它作为儒家的重
要经典，对中国历史产生了重要影响，则是无可置疑的，所以，
其中的生态思想值得重视。

2. 林木保护的政令

　　基于对天道运行的认识和对林木的生态作用的认识，儒家
文化对砍伐树木的态度是十分慎重的。它的基本出发点是尊重
树木的生命和内在价值，让树木完成一个生长周期或完成自己
的生命周期，然后才去砍伐它。也就是说，不单纯出于人的目的，
要用木材就去砍伐，而是纵然要用，也要等到天要杀它的时候。
《礼记》上说，五谷没有长成，果实没有成熟，木材没有长到
可以砍伐的程度，都是不能在市场上出售的。这就是要求五谷、
树木完成自己的生命周期。《逸周书·大聚》篇指出，春天三
月的时候，不能砍伐树木，为的是让草木生长，让天不错乱自
己的时节，物不丧失它们的本性，这样做才符合正德。树木的
生命周期是很难确定的，所以古人砍伐树木更多的是按照它们
的生长周期来进行的。儒家的自然观是春生、夏长、秋收、冬藏，
树木到秋冬时停止生长，故要求砍伐树木一定要遵循天地的杀
气，在秋冬进行。《礼记·王制》上说，草木零落，然后才可以
进山伐木。这已是深秋十月了。《毛诗传》更是明确地说，不
到草木自己摧折的时候，不能进山砍伐树木。
　　对于自然周期的认识构成了儒家文化中的时禁思想和传统
政治中著名的"以时禁发"的政策，"以时"是禁止和开放砍伐

林木的时间规定。如前所述，孟子的仁政思想中有"按照时限入山伐木"的内容，《荀子·王制》中也有"山林泽梁，以时禁发而不征税"的思想。前文提到的"柞氏"，就是一个负责掌管砍伐林木的官职。柞氏规定每年砍伐山林的日期和每次砍伐持续时间的长短。日期一般是在秋、冬；持续时间不能太久，否则可能会把林木伐尽。这里有两个例外，一是国家使用材木不受限制，但仍有仲冬斩阳木、仲夏斩阴木的规定；二是柞氏管理的是专门区域，在此之外的四野之木可以不受限制，但仍不得在三四月间砍伐桑柘，这是为了养蚕。惩罚偷盗林木者，也是柞氏的一项职责。《礼记》记载，士人君子虽然贫穷，但也不能为了建造房子而砍伐"丘木"。郑玄解释说丘木是田垄上的树木，照我的看法应该是墓地的树木。

在《礼记·月令》中有保护树木的最为全面和系统的政令。正如《月令》的名称所表明的那样，它把每个月应进行的树木保护活动都做了详细的规定。

孟春之月：祭祀山林川泽，禁止伐木。如果本月进行夏季才该进行的活动，就会造成雨水不时，草木早衰。

仲春之月：不得焚烧山林。

季春之月：不得砍伐桑柘。季春实行冬天的政令就会引发寒气，草木衰落，国家发生惊慌。实行夏天的政令，百姓就会发生疾疫，春雨不降，山林没有收成。

孟夏之月：不得砍伐大树。孟夏实行秋季政令，就会屡遭暴雨，五谷不生长；实行冬季政令，就会草木早枯。

仲夏之月：命令百姓不能用艾兰染东西，不能烧灰。

季夏之月：命令泽人收纳材苇。此月树木正旺盛生长，命令虞人入山巡视树木，不得斩伐，不可以兴土木。本月潮湿，多有大雨，应除草肥田。

仲秋之月：此月为断狱行刑之时。如果仲秋行春天政令，那么秋雨就不会降下，草木返青，国家会发生恐慌；实行夏季政令，国家会发生干旱，蛰虫不藏，五谷复生；实行冬季政令，会频发风灾，主导收藏的雷电会提前到来，草木早死。

季秋之月：草木黄落，可以伐薪为炭。

孟冬之月：命令水虞渔师开始收取水泉池泽的贡赋。

仲冬之月：百姓在野虞的指导下到山林薮泽取蔬食。本月日短至（冬至），可以伐木，取竹箭。

季冬之月：命令四监收秩薪柴，供郊庙及祭祀使用。命令庶民按土田之数贡赋牺牲，供祭祀山林名川使用；凡天下之民无不献其力以供皇天上帝、社稷寝庙、山林名川的祭祀。

与此相同或相近的内容还出现在《吕氏春秋》《管子》中。无论这些内容最初是从哪里来的，近似内容的反复出现说明，林木保护的生态意识在中国文化是十分普遍的。

3. 林木保护的法律

受儒家文化的影响，除了政令外，各个朝代还有一些保护林木的法律。我们挑出以下几种：

（1）**《秦律十八种·田律》** 目前发现的最早的林木保护法律，是睡虎地出土的秦简律书《秦律十八种》，其中的《田律》有关于林木保护的条文。

> 春天二月，不准到山林中砍伐木材，不准堵塞水道。不到夏季，不准烧草为肥，不准采摘刚发芽的植物……到七月解除禁令。只有因有死亡而需伐木制作棺椁的，不受季节限制。

《田律》与《逸周书·大聚》《礼记·月令》《吕氏春秋》的内容大致吻合，只是内容更为严密细致，这说明其中的行为规范是在吸收《逸周书》《礼纪·月令》的基础上逐步完善的。

（2）**《使者和中所督察诏书四时月令五十条》** 这是甘肃敦煌悬泉置汉代遗址出土的泥墙墨书，其中生态保护的条文如下：

> 诏令：禁止伐木。是说大小树木都不得砍伐，［一年有八月禁止（尽八月）或：八月之后］，草木零落，方才可以砍伐那些该砍伐的树木。

> 孟春月令：不得焚烧山林。是说烧山田猎会伤害禽兽□虫草木。

这篇泥墙墨书的日期为公元 5 年，是作为政府法令书写在墙壁上向公众颁布的。

（3）**居延汉简** 其中生态保护的条文如下：

①"制诏纳言其□官伐林木取竹箭。始建国天凤□年二月戊寅下。"

这条记录有缺字，详细内容已不得而知。不过，如前所述，《礼记·月令》有"十一月日短至，伐木取竹箭"的规定。汉简诏书的伐木取竹箭的规定应该与《礼记》相同。据汉郑玄的解释，竹箭在秋冬之时坚韧，宜伐取。

②关于生态保护禁令的执行情况，居延汉简还出土了"吏民毋得伐树木有无四时言""吏民毋犯四时禁有无四时言"的汉简。据研究，当时有对"吏民毋犯四时禁""吏民毋得伐树木"进行严格检查，责任吏员必须定时上报并具名存档的制度。无论是士卒还是部吏，都不得违反。

(4) **改定刑制** 据《晋书·刑法志》记载，曹魏政权曾经"改定刑制"，陈群等依照汉律，制定魏《新律》十八篇。《新律序》回顾汉律内容说，《贼律》有惩罚伐木之贼的规定。

环保性法律、法令的广泛存在，说明在当时，保护环境是自觉而普遍的行为。

"恩及于土"——对于土地的生态性维护与利用

把土地作为有生命的事物，要求用道德的态度对待它，使它能够尽生养万物的本性，是儒家文化的重要特色。在具体措施方面，儒家文化要求根据土地的特点种植，根据土地的质量确定贡赋，保留荒野，实行休耕。历代政权设立专门机构实施对土地的管理。儒家还用文化的最高形式——祭祀来表达对于土地的敬畏，报答土地对人类的养育之恩。

一、土、地、壤、田的辨析及土地的财富标志意义

在世界文明史上，中国是最早开始农业生产的国家之一。农业生产离不开土地。儒家文化对于土地有十分深入细致的认识，把土地分为土、地、壤、田四个层次。

"土"在儒家典籍中有以下含义：泛指大地、国土疆域、土地的表层（与"壤"对应）、田地、与山石相对立的可以移动的泥土、土壤、各类植物生长的地方。关于后一种意义，许慎在《说文解字》中说，"土"是大地吐出万物的地方，"土"字的"二"相当于土地之上和土地之中，"｜"相当于植物从土地

中生长出来。此外,《易传》上说,百谷草木附着在土地上生长。郑玄也说,能吐生万物的叫作土。"土"还是五行中的一个元素:既指实体的土,又指归结为土类的那些物质、性质、运动等,这个意义的土具有超出物质实体的神秘的或神性的意义。

"地"在一般意义上就是土。《白虎通义》说"地"是"变易",地能够适应节气而变化,孕育、滋养、成就万物。《释名》说,"地"是"底下"的意思,因为它总是处于下面承载万物。《礼统》上说地是施予者,根据季节的改变而化生万物。《说文解字》说地是"万物所陈列"的地方。这些说的都是土地的生长功能。地还有其他意义,如指与天对应的大地、国土疆域、没有加以人工培育尚不可耕种的原始土地。关于地的形成,《说文解字》的解释是元气初分的时候,轻清的阳气上升成为天,重浊的阴气下降成为地。这是汉代元气论哲学的特点。

"壤"也是土,是土的"瓤",即构成土的东西。古人把"壤"看作"柔土":柔和的、和缓的土壤。这就是说,壤地的特点是土质疏松,适合于种植。段玉裁在《说文解字注》指出,物自生的地方叫作土,人工耕种的叫作壤。显然,与土和地相比,壤特别指经过人工培育、适合耕种的土。

不从土地的构成,而从它的量的单位上说,"壤"就是田。田是经过人工培育可以耕种的整块土地,其中有阡陌沟渠。《说文》说"树谷曰田",田是个象形字,"十"像田中的阡陌。郑玄也说,处于阴阳之间能吐生万物的地叫作土,由人施加劳动而能够耕种的叫作"田"。田和土名称不一是理所当然的。古人是通过灭杀土地之上的草木而获得可耕地的,所以一年的田叫"菑"，"菑"即灾害。二年的田叫作"新田"，这是因为经过一年的耕种，这种田地已经成为土质柔和的田地了。三年的田叫作"畲"，是因为土地经过几年耕种已经十分和缓了。古人对于土地进行这样的区分，原因之一是为了公平地安排赋税。

在古人的认识中，土具有可移动性，地则不然，这种认识影响到今天，地产叫作不动产。地也是不能改变的。山脉、河流都属于地上所有的事物。尤其是地与天合称"天地"，也就是"自然"本身，自然更是不可改变的。所以，五行用的是土而不是地。《尚书》说"土爱稼穑"。《国语·郑语》说"先王以把土与金木水火相混合，以生成百物"。土直接与农业相关，土的肥瘠决定着收成的好坏。因为土具有可移动性，所以可以发挥更多的作用。五行中土克水，发挥的就是土的作用，这当然也是古人治水实践的总结。用土作元素比用地在认识上无疑更为深入。古希腊是一个航海经商的民族，所以，希腊哲学家所提出的元素，最初只是"水"，后来恩培多克勒才提出"土"，但古希腊哲学对于土的认识，不及中国哲学深入。《周易》八卦中"坤"为地，它所说的地是广义的，既包括土、壤、田，也指与"乾"对应的整个大地。

至迟在战国时期，人们已经把"土地"连用，指整个的国土，包括其中的田地、山林、河川等林林总总的一切。土地是一个国家的财富和力量的标志，甚至就是国家自身。如果把代表政权的"江山"一词进行还原就会发现，它指的其实是一个国家的土地或国土的所有权。同样，如果把代表一个国家国土的"河山"一词还原也会发现，它指的其实就是国土，或者说一个国家的土地的总和。当然，近代以后随着海洋的开辟，国土或者说土地的内涵也包括海洋国土。

战国时期孟子说诸侯有三宝：土地、人民、政事。又据《礼记》记载，如果听人问自己的国君的财富，那就以土地以及山川的物产回答。可见土地具有标志财富的意义。在周代，天子分封诸侯，叫作"授民授疆土"。孟子还说："天子巡守诸侯，如果发现一个地方土地得到开辟，田野得到治理，养老尊贤，俊杰在位，就要对这里的诸侯实行奖励，赏给他土地。反之，就要削去他的土地。"据《国语》记载，晋文公重耳接纳周襄王避难，周襄王要赐给他土地，他不要，却想要周襄王恩准他实行只有周王才能实行"隧"的葬礼仪式。这种葬礼仪式要开地通路。周襄王严君臣之防，拒绝了晋文公。晋文公最后还是领了赏给他的土地而还国。又据《国语》记载，还是这位晋文公，在流亡国外的时候，向田间百姓乞食。百姓捧给他了一块土。他十分愤怒，要鞭抽这位百姓。他的舅舅子犯说："这是好兆头，上天赐给你土地，就是要给你政权。再有十二年，我们一定会获得这块土地的。"这些都显示了土地的重要性。

孟子虽然把土地列为国宝，但作为儒家，他更加重视人民。他说："民为重，社稷次之，君为轻。"社稷是土地、政权的代称。战国时期的情形总体上仍然是土地有余而百姓不足，他反对为了土地而发动战争。他把这叫作"率土地而食人肉"。他指出："争地以战，杀人盈野；争城以战，杀人盈城，这是率土地而食人民，罪不容死，善战者服上刑。"他赞颂周族的祖先太王宁愿把土地留给狄人而率领百姓迁徙到岐山，也不愿意为了获得土地而让老百姓上战场打仗。和孔子一样，他主张"怀远人而来之"。

对于土地，以儒家为代表的传统文化重视的是它的生长功能。粮食和桑麻这些人类赖以生存的基本材料都是从土地中生出的，所以儒家文化十分重视土地和农业。除了祭祀土神和谷神的社稷外，儒家文化中还有天子籍田的制度，即每年开春，天子要亲自到自己的籍田上进行耕种，为群臣和百姓做出示范，以敦促他们务农，这叫作"亲耕"。

二、对土地的种类、性能的认识和生态性维护使用

作为最早的农业民族之一，中国古人对于土地的性质、种类、出产有系统和深入的认识，有符合生态原则的使用观念。古人的方法有"土宜之法""土会之法"等。这两种方法，前者是判断什么样的土地适合种植什么样的植物，以便促进那里的动植物生长繁殖，人口增加，促使人和自然达到和谐共存；后者是确定贡税的办法。此外还有兴建农田水利设施、肥田、休耕等方法。这些在《尚书》《周礼》中都有记载。

按照研究《尚书》的专家顾颉刚、刘起釪的观点，《禹贡》是中国古代第一部系统的地理著作，大致作于春秋之前。它托名古代治水圣人大禹，对大致4000年前龙山文化时期中国各地的自然地理和人文地理特点、土地状况进行了较为详细的辨析。辨析的项目一是土地的颜色，一是土地的特性。颜色有黑、白、

赤、粽、青、黄，特性有坟、壤、埴、涂泥几种。坟是土壤有隆
起，起伏不平，类似于丘陵而稍低；壤是土质柔和，土性和缓；
埴是黏土；涂泥类似于现在的水田。

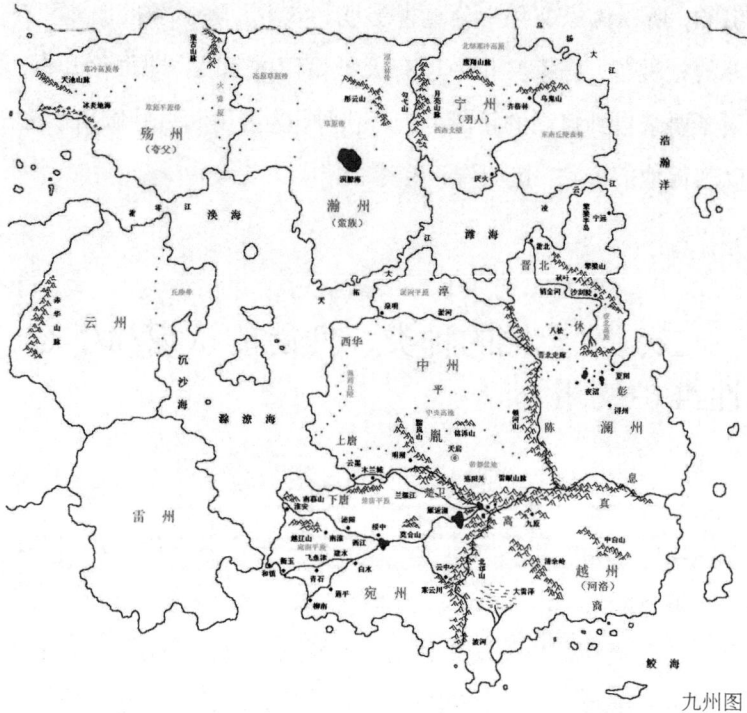

九州图

　　《禹贡》把中国分为九州。它首先叙述的是冀州，范围包
括今天中国的河北省、山西省的大部分地区和河南省的西北部
地区。这个范围是儒家的圣王尧活动的区域和定都的地方。《禹
贡》说冀州的土地颜色是白色，性质是壤地，即土质疏松；那
里的农田属于中等；田赋是上上等。所谓白壤，指土地中含有
一定的盐分，是一种盐渍土地。兖州相当于今天山东省西北部、
河北东南部以及河南内黄、延津以东地区。这里的土地是黑色

的，土质肥沃，草木繁茂条畅，是含有黑色的植物腐殖肥料的灰棕壤。这里的田地属于中下，田赋属于下下等，贡物是漆和丝。青州在泰山和海滨之间，相当于今天山东北部和辽宁的一部分。这里的土壤色白而有起伏，是灰壤或浅色的草甸土。这一带农业水平较高，田地属于上等中的下等，田赋属于中等中的上等，贡物是盐、海产品和缔、丝、枲等。徐州包括现在的江苏、安徽北部、山东南部。这里的土地是"赤埴坟"，即红色黏性土质，土壤学称为"棕壤"；地势有起伏，草木多为丛生。这里的田地属于上等中的中等，田赋属于中等中的中等，贡物为五色土。五色土是修建社稷，祭祀土神和谷神用的。扬州包括今天的浙江、江西、福建全境，及江苏、安徽、河南南部、湖北东部、广东北部。这个地区的土地是"涂泥"，即泥浆地，适合于种植水稻。这里的田地属于下等之下等，田赋为下等中的上等。荆州包括今天湖南全境、湖北东南部、四川南部、贵州东部、广西北部等地区。这一地区土地的特点是"涂泥"，与扬州相同。这里的田地属于下等中的中等，田赋为上等中的下等，贡物较其他地区丰富，有珍禽的羽、牦牛的尾、象牙、动物皮革、金属、祭祀用的青茅、占卜用的大龟等。豫州相当于现在河南省中北部以南、山东西部、湖北北部。这里的土地是壤地，即无块的柔土；地势低下的地区是"坟垆"，即黑色的硬肥土。这里的田地属于中上等，田赋上中水平，贡赋的物品有漆、枲、缔、纻。梁州包括今天四川省、湖北西部、陕西、甘肃南部地区。这里的土地为"青黎"，是成都平原沿江流域的青泥田或紫泥田，田地属于上等中的下等，田赋属于下中水平。贡品有铁、银等金属和熊、罴、狐狸等动物毛皮。雍州为今天黄河以西地区，包括陕西北部、新疆、青海、西藏东部和内蒙古、甘肃南部地区。这一地区的土地是黄色的壤地，即黄土高原一代，土质属于淡栗钙土，所以被称为"黄壤"。这里的田地属于上上等，田赋属于中下水平；贡物有各种玉石等。

周代也十分重视辨土，其目的与《禹贡》相同。从《诗经》中我们可以读到，周族的祖先后稷就懂得相地，确定各类土地适宜栽种的作物，所以后来被称为稷神。《诗·大雅·公刘》称赞周族祖先登上山冈，测定日影，察看土地的阴阳面，河水的流向，把土地开辟为粮田。《诗·大雅·绵》也记载了周人后来开辟周原的事情。《周礼·司徒》把辨土称为"土宜之法"和"土会之法"。《周礼·司徒》记载的"土宜之法"是辨别12种适合不同作物的土地，帮助和教导人民定居、繁衍、从事农业和种植树木，促使鸟兽繁殖，草木繁荣，从而充分地发挥土地的作用。"土会之法"是把地貌、地质分为山林、川泽、丘陵、坟衍、原隰五类，辨别各种地质的物产和那里的人民的特点。山林适合毛皮类动物，"皂"类植物，即柞、栗一类树木。那里的百姓多体毛而样子周正。川泽适合鳞类动物如鱼，膏类植物如杨柳。那里的百姓"黑而津"，即皮肤黑而滋润。丘陵适合羽毛类动物如雉鸡之属，有核类植物如李、梅。那里的百姓"专而长"，即圆而身高。坟衍适合甲壳类动物，荚类植物，那里的百姓"晳而瘠"，即白而瘦。原隰即湿地，适合没有羽毛鳞甲类的动物，植物适合丛物，那里的百姓"丰肉而庳"，即胖而矮。辨土是一个十分普及的技术。《礼记·月令》中有孟春之月君王命令开始进行农事，要好好察识丘陵、坂险、原隰各种土地，辨别土地适宜播种的五谷，以教导百姓。《荀子》中多次提及，察识土地的高下肥瘠，确定该种什么，君子不如农人。

关于水利设施，据《周礼》的记载，田间有遂、径、沟、畛、洫、涂、浍等排水设施。"遂"是宽深各二尺的水渠，"沟"是遂的两倍，"洫"又是沟的两倍；"浍"是宽深各一丈六的排水渠。这里的单位都是周代的，比今天要小一些。水渠的方向：遂纵、沟横、洫纵、浍横，形成一个体系。浍通向河流。照《周礼》的记载，遂人是专职负责水利设施的。除了农田水利设施外，还有大型的引河灌溉设施，前文已经说到。肥田，又被称为"土化之法"，即改良土壤，确定适宜种植的植物。《周礼》记载有"草人"的职务，是负责这项工作的。土化的具体方法是焚烧草木，然后用水冲，把灰浸入土地。也有对于不同土质的田地使用不同的肥田的方法，如"骍刚"之地，即坚硬的红土地，使用牛骨煮成的汁浸泡种子以改善土壤状况。其他如赤缇地质用羊骨汁，坟壤用麋骨汁，干涸的泽地用鹿骨汁，咸潟之地用貆骨汁，粉状的土壤用狐狸骨汁，黏土壤用猪骨汁，坚硬的土地用麻和种子，松散的土地使用狗骨汁等。

休耕是中国古代一项保持土地肥力的重要措施。据《周礼》记载，官府授田给百姓，不易之地一家百亩，一易之地一家二百亩，再易之地一家三百亩。"不易"即不需要休耕，"一易"即休耕一年耕种一年，"再易"即需要休耕两年才可以耕种一年。休耕也叫作爰田、辕田等。据说商鞅在秦国变法，就实行了爰田制。上等田地不休耕，中等田地休耕一年耕种一年，下等田地休耕两年耕种一年。据《左传》记载，晋国也实行了爰田制。《汉书·食货志》也有古代实行休耕的纪录。又据汉代何休所说，古代实行三年一换土易居的制度，即把土地分为上中下三等，每隔三年就要重新分配一次土地，以保证每个农户都能够平等地耕作肥硗不同的土地。何休特别指出，上田一年一耕作，中田两年一耕作，下田三年一耕作。这与古代的休耕制度恰好吻合。休耕换田易居的制度得到了1972在山东银雀山出土的《田法》的证实。《田法》记载，百姓三年更改田地一次，十年内土地更改一遍，百姓十年中能够把上中下三种土地耕种一遍。

《周礼》中还有保留荒野的措施。《周礼》记载有一种叫作"县师"的官员，职责是掌握国家的城市、郊区、乡村的地域和人口、牲畜、车辆、田地、草莱的数量，以此为依据考察政府官员。这里的田地是开发的可耕地，草莱据郑玄的解释是"休不耕者"，郊区内的叫作"易"，郊区外的叫作"莱"。可耕地已经有休耕制度，这里的"休不耕"显然不是可耕地的休耕，而是对未开垦的土地休而不耕，即不把草地开辟为农田。贾公彦即认为草莱是荒而不耕的草地。上一节谈到孟子反对开辟草莱为土地的话，也可以佐证草莱是保留的荒野。据《周礼》记载，官府授田给百姓，其中包括草地。上等田地，一个农夫一百亩，草地五十亩；中等田地，一个农夫一百亩，草地一百亩；下等田地，一个农夫二百亩，草地二百亩。保留草莱可能是为了做牧地，即使是这样，保留荒野对于维持生态平衡仍然是有积极意义的。

三、"相地而衰征"——贡赋的生态意义

"相地而衰征"是根据土地的肥瘠确定税赋的高低。这个说法出自《国语·齐语》，是齐桓公咨询治理国家的大政方针时管仲提出来的。这项措施具有政治和生态双重意义。它的政治意义在于维持政权的稳定，生态意义则在于不竭尽地力，维持土地的生态平衡。

齐桓公和管仲都是春秋时期的人物，他们的对话不仅反映了春秋时期的状况，也是对历史的总结。《禹贡》把九州的土地分为九等，赋税也分为九等，这当中已经包含了根据土地的等级征税的思想。不过，在《禹贡》中土地的等级和税赋并不完全对应。据有关学者研究，税赋的确定除了考虑土地质量外，也考虑到了农业开发水平的差异。税赋高的地区一般也是农业比较发达到的地区，如青州。

周代十分重视平均赋税，设有专门负责分配土地的官职"遂人"和平均地赋的官职"土均"或"均人"。遂人把土地分为上、中、下三等授予百姓，按照各类土地所适宜的作物教民耕种，如高田种黍、稷，低田种稻、麦。如前所述，古代还有易田易居的制度，三年重新分配一次土地的措施，以保证农民可以平等地耕种肥饶和硗确的土地。据《周礼》记载，周代还有"土均"的官职，其职责是平均土地的赋税。均是平的意思。土均的属员有上士二人、中士四人、下士八人、府二人、史四人、胥四人、徒四十人，数量相当庞大。土均的具体做法是辨别前述山林、川泽五种土地的物产，把土地分为九种，分别征收赋税，平均天下的税赋。

儒家出于德治仁政的政治理念，反对横征暴敛。孔子曾经批评鲁国"苛政猛于虎"。据《论语》的记载，孔子的弟子冉求要为季康子增加赋税，孔子提出了严厉的批评，说冉求不再是自己的弟子了，其他弟子可以"鸣鼓而攻之"。孟子和孔子一样反对过度赋敛。他认为，什一税，即百分之十的税率，符合先王之道，高于这个标准就剥夺过度了，不是仁政；低于这个标准会缺乏开展各种礼仪活动的费用，是蛮貊之道，也不可取。对于赋敛的约束在一定意义上也是有助于维持生态平衡的。

四、土地管理机构与政令

周代十分重视对土地的生态性管理，《周礼》记载了大司徒、小司徒等许多土地管理官职，这些官职的职责有不少都具有生态意义。

大司徒的职责是掌管国家的地图和各地人口的数量，辅助君王安邦定国。大司徒应该广泛熟悉国家的幅员，分别山林、川泽、丘陵、坟衍、原隰等不同的地况，辨别国家的城市和乡野的数量，确立各地的疆域，为各地建立社稷。大司徒还要辨别各种地质条件下的物产，确定税赋。这叫"土会之法"。大司徒把全国的土地分为12种，辨别每一种土地所适宜的作物等，指导百姓耕种，这叫"土宜之法"。大司徒还有设立各类土地官员、管理土地的职责。这些官员除了前文所说的"遂人""土均"之外，还有"土训""均人"等。土训的属员有中士二人、下士四人、史二人、徒八人。他们的主要职责是掌握国内山川形势地图，各地物产情况，通告君王，使各地进贡当地特产。"均人"的职能和"土均"大致相同，都是平均土地的税赋。均人的属员有中士二人、下士四人、府二人、史四人、胥四人、徒四十人等。

小司徒也是大司徒的下属，其职责主要是平均分配土地。小司徒熟知百姓和土地的数量，把土地分为上中下三等，上等土地分给七口以上的人家，中等土地分给六口的人家，下等土地分给五口的人家。关于土地的使用方法，小司徒特别提到了井田制，即把一片土地分为井字形的九块，大约100亩为一个方块，一人耕种一块。沟、洫都是井田上的水利设施。"九夫为井，四井为邑，四邑为丘，四丘为甸，四甸为县，四县为都"，小司徒负责公平地征收税赋。小司徒的职责和土均、均人有所重合，这可能是由于《周礼》记载的是周代不同时期的官制的缘故。

《周礼》强调任地力，即发挥土地的作用，这是重视农业的表现。重视农桑是中国社会的传统。古代礼制中，天子有籍田，每年立春的第一天，或天子选择正月的一日，率领诸侯公卿到自己的籍田上举行"亲耕"仪式，以表达对于农业的重视。皇后也要率后宫嫔妃养蚕，以表达对于纺绩织纴的重视。《礼记》上说，如果国都的郊区都是堡垒等军事工事，那就是卿大夫的耻辱。因为如果卿大夫有威德，四邻就不敢侵犯，也就根本不必修建工事。如果大片的采地没有得到治理，那就是士的耻辱。因为士作为地方官吏，有劝农耕稼的职责。《礼记·月令》还规定了不能妨碍农事的政令，如仲春之月不能举行"大事"以妨碍农事。所谓大事即发动战争之类。

在儒家文化中，土地并不是一块没有任何活力、不与其他环境因素发生联系的孤立之物。相反，儒家文化认为，自然界事物构成一个有机联系的整体，土地是其中的一个组成部分；土地本

唐玄宗耕籍田

身是由气形成的，它又以气为媒介与环境的其他部分发生联系。土地是自然生命的一部分。19世纪60年代，英国科学家拉夫洛克（James Lovelock）提出"盖娅设想"，认为地球是"一个活的生物，自行调控其环境，使其适合生命的生长"。我们认为，土地也是有生命力和自己的本性的。什么是土地之性？如何尽土地之性？荒原、森林是各种植物的生长地、昆虫鸟兽的栖息地，草原是牛羊畜类的生长地，沃野是粮食蔬菜的生长地等。一言以蔽之，大地之性就是生养万物；尽大地之性，就是充分发挥它的生养作用。过度砍伐、荒漠化、污染等造成动植物无法生长，甚至死亡，就是戕害土地之性，妨碍它发挥生养万物的功能。

儒家文化要求尊重土地的生命，发挥和实现土地的本性。

《月令》要求遵循天地之气的运动从事活动，不能妨碍地气的运动。如关于孟春之月，《月令》上说，这一月天地之气亦即阴阳之气的运行是天气下降，地气上腾，二气相互交合，草木开始萌动发芽。君王发布农事政令，田官居住在国都东郊，迎接春气的到来；修饬田野疆界，整理田间水利设施，分别丘陵、湿地等不同土质，指导百姓种植。关于孟冬之月，《月令》上说，这一月是天气上腾，地气下降。天地之气不相交通，由此形成冬天。这个月的活动主要是聚积、收敛，修缮城郭，完善边境守备等。关于仲冬之月，《月令》强调这个月不能兴"土事"。因为阳气凝聚，潜藏于土地之中，如果大兴土木，阳气就会泄漏出来，造成蛰虫死，民疾疫死丧的后果。美国哲学家利奥波德提出了"健康的土地""土地伦理"等概念。汉代董仲舒要求用道德的态度对待土地，他说：施恩及于土地，五谷就会丰收，大地就会长出嘉禾。反之，虐待土地，五谷就会歉收。《月令》和董仲舒对待土地的方法，是维持土地健康的做法。

五、"报本反始"立社祭土——对土地的祭祀及其生态意义

儒家文化尊重、敬重、敬畏土地。在儒家文化中，土是重要的祭祀对象。中国自古以来就有立社稷坛祭祀土地的传统，通过文化的最高活动——祭祀——来表达对于土的敬畏。这在世界文化中是十分特别的。

如前所述，在不同的语境中，土分别指土地，包括荒地和已开垦的可耕地，有时又特别指熟地。对于一个政权来说，土可以转而代表土地、大地（包括河流山川）、一个政权所管辖的幅员，进而代表一个政权本身。在五行中，土的作用是稼穑，即耕种。土地的粮食产出决定了人们的生存。五行后来从五种具体物质上升到世界的联系模式，其中土的方位为中央，时间为中夏，即一年的中间，性质为中和。在《月令》中，土的神为后土，帝为黄帝，黄帝是中华民族的人文初祖；律为黄钟，数为五，色为黄。这些都显示了土对于儒家文化的重要意义。土似乎有时和社是两个不同的祭祀对象，古人在祭祀社稷之外又祭祀地。《礼记》中有对于"地之五行"的祭祀的记载，因为它们具有"生殖"的作用。

祭祀土地的历史开始于祭祀"后土"。据说后土是共工的儿子，能够治平水土，所以祀为社。根据儒家对于祭祀对象的

北京中山公园
社稷坛五色土

分类，他属于"以死勤事"或"能御大灾"的类别。如前所述，据《周礼》记载，大司徒的职责之一是确立都鄙的数目，划分二者的边界，设立社稷，种植适宜于当地的树种作为社稷所祭祀的后土和田正的象征和依托，所适宜的树种一般是松、柏、栗等。种什么树，就叫什么社。《论语》记载，社稷之木夏代用松，

殷商用柏，周代用栗。《礼记》上说，社稷山川方面的事情以及对于鬼神的祭祀，属于"体"。郑玄、孔颖达认为，社稷山川是天地的别体，鬼神是人的别体，所以，祭祀社稷也是祭祀天地。

关于社和祭社的意义，照《礼记》所说，社是为了祭土，土属阴，所以祭祀时君主立于北墙之下面向南，这是为了应答阴；祭祀的时间为每一旬的第一天。如前所述，儒家文化不把土看成死寂的惰性之物，而看成天地万物统一有机体的一部分，是活的，有通气的功能。所以，天子的大社一定是露天的，为的是与天地之气相沟通。只有亡国君主的社才会被新兴王权封上屋顶，阻断它与天地之气的交通，取消它的合法性。照《礼记》所说，立社是为了显示地的神性。天显现各种天象，地载育万物。人们从天那里得到法则，从地那里得到财物，所以要尊天亲地。国以社为主导，卿大夫的家以中霤为主导，都是为了表示土地是人的根本。天子祭社使用籍田收获的谷物，百姓乡里祭社则各家出一人田猎为祭品。立社是为了教导百姓报答天地，即"报本反始"。"报本"即报答天地的养育之恩，"反始"即报答社稷所配祭的那些人与神。

儒家文化中还有与"天神"对应的"地祇"的说法，地祇是各类地神的通称。照许慎《说文解字》的解释，地祇是使万物生出的神。后土、中霤都是地祇。此外儒家文化还有"土怪"的说法。据《左传》记载，鲁国贵胄季桓子打井时得到一个土缶，便派使者问孔子，说他打井时得到的土缶里有一只像土狗的东西，那是什么？孔子说，那不是土狗，是土羊，土中的怪物羵羊。

"川竭国亡"——对于山川的关爱　

山川是一个国家的依赖，当这个国家的大河枯竭的时候，就离灭亡不远了。这种认识足以警醒人们善待山川，维持山川的健康生命，这是儒家文化的生态态度。儒家文化认识到了山川的生态作用——导气，它要求保持气在山川之间的通畅运行，反对阻断气的流行，反对壅川、开山。儒家把山川的导气功能称为"神"，要求祭祀山川，用道德的态度对待它们；历代政权也都设有山川管理部门，维护山林川泽的生态平衡。

一、对于山脉的认识和保护

在儒家文化的认识中，山与土属于一类，乃积土石而成。从五行来看，石属于土。据《国语》记载，东周太子晋在反对周灵王堵塞洛水时指出，"夫山，土之聚也"。荀子在他的《劝学篇》中也指出，"积土成山，风雨兴焉"。《国语·周语》记载邵公谏周厉王时曾经说，"民之有口，就像土之有山川"。这里说的土是大地，土之有山川显然是把山川从属于大地，这反映了古人对于二者的同一性的认识。

关于山脉对于人类存在的意义，《国语·晋语》提出"国主山川"，是说山川是国家的主导、依靠和根本。据说晋国梁山崩溃，堵塞了黄河。国君召伯宗商议对策。伯宗在途中遇见一位异人华阳子，此人告诉他"国主山川"，山有朽壤遇雨而崩，在这种情况下，君主应当穿上缟素的孝服，驻扎到郊外，发布告诉上帝的简文，哭泣三日，灾害才能过去。据《谷梁传》的记载，经过祭祀后，河水终于复流。华阳子举出的对策并不可取，但其中所包含的古人关于山脉对人类存在的意义的认识和对于山脉的敬畏的态度，是值得肯定的。

作为一个综合的自然存在，山脉的构成是土石、溪流、动植物以及矿物。鉴于山脉的重要性，古代对于山脉有系统的保护措施。从事这项工作的官职是"山虞"。山虞度知山的大小及物产，主要是林木、矿产、禽兽等；也掌管山林的政令，按照物产的种类分门别类地进行管理，实行守禁。据《周礼》的记载，山虞的属员大山有中士四人、下士八人、府二人、史四人、胥八人、徒八十人；中山有下士六人，史二人，胥六人，徒六十人；小山有下士二人，史一人，徒二十人。山虞也有管理林木不被肆意砍伐的职责。照《周礼》所说，管理林木还有"林衡"一职，林衡管理的是平地和山麓的林木；山虞管理的则是山林。

关于山脉所包含的林木、水源、动物的生态性管理，前文都已叙述到，此处专门谈谈古人对于矿产资源的管理。

在世界各大文明中，中华文明是较早使用金属的。殷商、西周时期的青铜器的大量出土证明了这一点。铜、铁、锡等都属于金属，在五行中属于"金"。金并不是一个直接存在的元素，而是提炼的结果。殷周之际箕子陈五行提到金，这说明中国很早就掌握了青铜冶炼和铸造技术。山脉是矿产资源集中的地方，

《周礼》记载有"卝人"一职,是专门管理矿产资源的官吏,他的职责是掌管金玉锡石产地,厉禁以守之。卝人的属员有中士二人、下士四人、府二人、史二人、胥四人、徒四十人。卝人厉守资源地,具有垄断的性质;卝人取矿产供给冬官制作各种器物,供君王使用,一般百姓不得染指。这在客观上维护了山林的生态平衡。董仲舒要求"恩及于金石"。古代由于技术的限制,也由于认识不到山林的生态平衡作用,开采矿产资源往往伴随严重的生态破坏。在五行理论中,山属于地,地属于土,土是五行之一。五行是相互联系相互制约的。地中所含的阴气和天上的阳气相互作用,使气候平衡。古人认为,山脉具有出云致雨的作用,一旦过分地开挖山林,造成植被和山体的破坏,就会导致一定程度的生态灾难。《汉书·贡禹传》记载,御史大夫贡禹批评汉家王朝铸钱,攻山取铜铁,凿地数百丈,把地中储藏的阴气之精都消散了。贡禹指出,地中没有了敛藏的阴阳之气,就不能含气出云,再加上砍伐林木没有时禁,一定会导致水旱之灾。应当说,贡禹对于自然现象的认识是准确的。

司母戊大方鼎

二、儒家文化对于水与河流生态作用的认识

1. 儒家文化对水与河流的认识

在《尚书·洪范》的排序中，水处于五行之首，比《尚书·大禹谟》的"金、木、水、火、土、谷"中的顺序提前了。《汉书》提出，五行以水为本。这些都表明了古人对水的重视。箕子提出的"水曰润下"，表达了中国文化对于水的性质的认识，是源自治水实践的民族智慧。

《周易》的八卦是儒家文化的自然认识系统，也是它的世界的分类体系。八卦所象征的物象，可以分为基本象和引申象两类。"基本象"即乾天、坤地、震雷、巽风、坎水、离火、艮山、兑泽，"引申象"则是在基本象之外，通过类比进一步引申出若干同类的物象，如乾还可象征君、丈夫、马等。八卦的基本象是唯一的，引申象则可以无穷。在八经卦中，坎为水、兑为泽，泽也是水。李道平说泽是"坎水半见"；《国语·周语下》中说，"泽是水之的聚集"；《风俗通·山泽篇》中说，水草交错叫作泽。可见，《兑》卦也可以理解为水的一种形式。这意味着八卦含有两个与水相关的卦。这种现象可能是中华民族上古时期对地理环境的反映。夏商周时期的中国，水源丰富，有江河、溪流、湖泊、水潦、云雨等，这些不同种类的水给中华民族的生存带来了挑战。中国是个治水的民族，治水的实践及经验反映到八卦中，形成了两种水并存于八卦的思想。

　　在《周易》中，水还有静止的与运动的、一般的和具体的不同类别。这显示了古人对于水的认识的深化。八经卦中《坎》卦所表示的水常常为一般的、抽象的水；《兑》卦所表示的泽水虽然也具有一般性，但更多的为具体的水。《坎》水由于多为川水、一般的水，所以在六十四卦中又常常为流动的水，而《兑》表示的泽水则为固定的、静止的水。在中国传统哲学中，通与不通对于人、事的意义有根本的差异。流动就是通，就具有生命力；静止则为不通，为停滞的"壅"，不具有生命力。符合生态原则的状态是通的状态。通意味着生，壅则意味着死。关于此，《左传》记载了一个非常典型的事例。鲁宣公十二年，晋国与楚国发生战争。晋国的将领荀首占得《师》卦变为《临》卦的结果，他认为这意味着出征不利。他说，《师》为众，《临》为弱，《师》变为《临》是众散为弱。《师》卦的内卦为《坎》，是川，流动的河水；《临》卦的内卦是《兑》，为泽，是不流动的。《师》变为《临》是川壅为泽。晋国的大将先縠不听荀首的劝诫，强行渡河攻击楚军，果然大败。关于《坎》《兑》的区别，孔颖达也有一个说明。《易传·系辞》有"鼓之以雷霆，润之以风雨"的句子，涉及《震》（雷霆）与《离》（火、雷电）《巽》（风）《坎》（雨）。孔颖达解释说，这一句话之所以只谈到震、巽、坎、离，而没有谈到八经卦的《兑》，是因为《兑》不是能够"鼓动运行"的东西。孔颖达的意思是，坎为雨，雨自天降，普润万物，而泽则处于稳定不流动状态，不能自动普润万物，所以在万物形成过程中的作用远逊于风雨。

　　那么，泽水变为流动的水以后，会怎样呢？在六十四别卦的

《兑》卦中，静止之水变成了流动之水，卦义随之产生了差异。《兑》卦为"兑下兑上"。《象》曰："兑，丽泽，君子以朋友讲习。"两《兑》卦相重，故为"丽泽"。高亨说："两泽相连，其水交流，象征朋友讲习交流知识。交流与讲习为可悦的事情，所以此卦为悦。"

2．"水曰润下"及其生态意义

"水曰润下"的"润"是对水渗透、浸润土壤的性质的说明。正是由于这个性质，水才能被用来灌溉农作物。这是水与火、木、金、土其他四行不同的显著特点。土壤具有吸收水分的功能，吸收的方向不单是从上到下，也把低处的水吸收到高处，所以，土壤或者地壳中的水并不是沿平面分布的，而是在不同的地区处于不同的高度。"山长水长"，是说山有多高，水就有多高。山区打井一般并不需要把山打穿，再打到与平原地区地下水位相同的地方才见到水，甚至根本不用打井，山泉自然会奔涌而出。汉人对于"水曰润下"的看法更为辩证，指出水有时候还会"不润下"。据《汉书》载伏生《尚书大传》说，如果慢待宗庙，不祷祠，废祭祀，悖逆天时，水就不润下。又说，水是终藏万物的东西。王者必须按时祭祀天地、鬼神、山川，顺事阴气，调和神人，尊奉天时。十二个月各得其气，阴阳调和，这样水才能按照它的性质存在和发挥作用。如果不敬鬼神，政令逆时，水就会失去它的性质，会出现暴雨、洪水等，伤害庄稼、百姓，这就是水不润下。顺从阴阳、调和阴阳、尊奉天时，是具有生态意义的天人合一思想。

现代科学认为，河流具有重要的生态作用。首先，河流是自然界水循环的重要环节，水循环是生态圈的重要组成部分。其次，河流自身也构成一个生态系统。河水、湖泊、湿地中生存着种类繁多的植物、动物，有不少是珍稀物种，如中国长江的白鳍豚、娃娃鱼等，它们共同构成一个完整的河流生态系统。水在自然界并不是静止的，而是不停地运动着的。对于生物、生态圈来说，最具有意义的是自然界的水分循环。降雨、河水流动都是水循环的一部分。人类生存所需要的水，根本上是靠水循环带来的。我们常说，没有水就没有生命，其实，即使有水，如果水都处于静止状态而不循环，也是不会有生命的。中国哲学的"通气"理论包括了水汽的蒸发和循环（见水分循环图）。

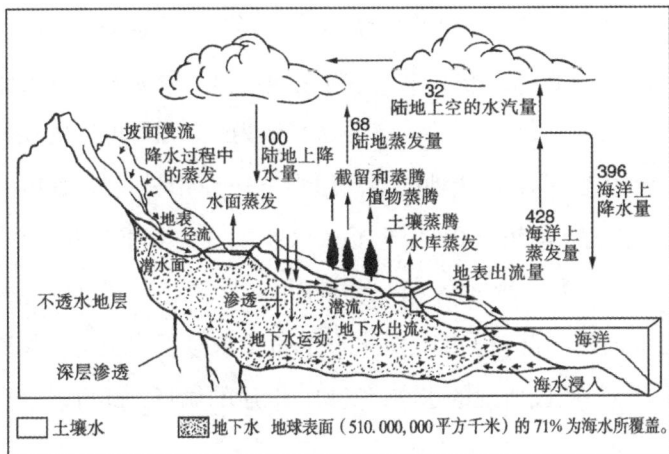

水分循环图

　　"川，气之导也"出自《国语》，表现了古人对于河流的生态作用的认识。周灵王二十二年，王城西部的谷水泛滥，南入洛水，淹及王宫西南。周灵王要堵住谷水（"壅川"），即修筑堤防，使谷水改道北流。太子晋提出了反对，他的观点是，不能开山、毁山，不能加高渊薮（渊薮是没有或很少水的塘泽），不能给河流设置坝防。因为山是土的聚积，薮是物的归宿，泽是水的集中，河流是天地用来导气的地方。这里"气之导"的"气"，既是一个物质概念，也是一个哲学概念。它指称物质，如现代意义的大气、水蒸气、风、呼吸等；也遍指一切气而不限于某一方面，这是哲学概念的特点。天地之气的交通是中国哲学的根本观念，交通而和，万物阜生。川，河流，作为一种自然现象，发挥着导气促和的作用。这意味着河流是促进万物生长的一个不可缺少的环节。所以，在太子晋看来，对于川谷，只能是疏导以通其气。所谓"导气"，用科学语言来说是气的循环。它背后的哲学思维是《周易》的"复"。"复"，是回复、循环。《复》卦的卦象是☷☳，震下坤上，雷在地中，一阳来复。《象辞》说"复，其见天地之心"。《周易》认为从"复"可以发现什么是"天地之心"，即天地的最高原则。关于循环，罗尔斯顿曾经指出："生态学教导我们，应该大大扩展我们对于'循环'一词的理解。人类生命是浮于以光合作用和食物链为基础的生物生命之上面而向前流动的，而生物生命又依赖于水文、气象和地质循环。"罗氏所说的水文、气象、地质的循环，都可以包含在中国古代的气的循环之内。

　　"川，气之导也"，把河流与自然的其他部分视为一个统一的整体，具有整体性和统一性的观念。同时，这个命题又以阴阳观念为基础，说明了河流与自然的其他部分的联系、河流在自然中的作用，强调了河流对于人类的重要意义。这些认识都是现代科学所不具有的。近代以来的科学理论把河流作为斗争索取的对象，重视的是河流的工具性价值。以"川，气之导也"为代表的儒家文化重视的则是河流的内在价值和神意价值。

黄河

　　"川竭国亡"也出自《国语·周语》。周幽王二年，西周的泾、渭、洛三川地区发生了地震。伯阳父说，天地之气的运行不能失去它们固有的秩序，阳气潜伏不能散发，阴气被抑制而不能蒸发，就会发生地震。现在三川地区的地震，就是由于阳气被阴气抑制而形成的。地震会导致川塞，水不能润土，百姓缺乏财用，这样国家怎能不灭亡？山川是国家的依赖和主导、主宰。在过去，伊、洛竭而夏朝灭亡，黄河竭而商朝灭亡。现在西周三川都因堵塞而枯竭了，西周恐怕也要灭亡了。果然，11年之后西周就灭亡了。伯阳父提出了这样一个逻辑思路：天地之气失序——地震——川塞（河竭）——财用匮乏——国亡。

川塞、河竭造成财用匮乏，所以国家必然灭亡。"川竭国亡"是非常有道理的说法。国家的大河枯竭，国家就必然会灭亡。所以，川竭在传统文化中是一个值得时刻警惕的事情，不少典籍都提到这个问题。川竭国亡成为一种必然的认识之后，王室也经常把它作为前提以反对不合时宜的政策。

三、与水相处的智慧和对河流与水的保护

1. 大禹治水

中华文明以治水而闻名。大致在4000年前，中华文明正处于龙山文化时期，大禹治水就发生在这一时期。关于大禹治水，《尚书》《论语》《孟子》《尸子》《史记》《吕氏春秋》《淮南子》等典籍都有记载。《尚书·尧典》说，尧时中国发生了洪水，尧咨询四岳有谁能够平治水土。四岳推荐了鲧。但是，鲧采用了堵的错误办法，九年没有成功。后来，帝尧诛四凶，禅位于舜，舜任命大禹平治水土。在《论语》中，孔子评价大禹时说："对于大禹，我没有什么可以批评的。"禹治水在外八年，三过家门而不入。由于历代踵事增华，各种记载难免存在夸大之处，有所抵牾，但因此就怀疑大禹的存在，怀疑治水的真实性，是不可取的。新近出土的遂公盨，铭文与《尚书序》《禹贡》《尚书·益稷》一致，可以说是对大禹治水传说最早的文物证据。

大禹治水的指导原则是疏、导，具体地说，是顺应地势，

高处垫高，低处挖低，高处居住，低处行洪，使人、水各得其所；加固沼泽湖泊的堤防，使洪水不漫溢；疏浚河道，使水流通畅、快速通向大海。大禹治水充分利用了"水曰润下"的性质，充分发挥了地势的便利。这是"因"的智慧。疏导是因水之性，"随山浚川"是因地之形。"因"是中华民族的根源性智慧，说其来源即是大禹治水。"因"也可以说是中华民族与河流交往、对话的方式，也是中华民族的存在方式。大禹对于水有深刻的认识，《尚书·大禹谟》记载禹的话，有正德、利用、厚生为"三事"，三事的原则为和。水、火、金、木、土、谷为"六府"，"六府"的原则是"惟修"，即治理。

大禹

2. 环境友好型的水资源利用

河流为人类提供了灌溉之便，人类很早就学会了利用河水灌溉。如前所述，河姆渡文化时期的人们已经开始种植水稻。《史记》还记载了许多水利工程，如秦国的郑国渠、西门豹的引漳河渠、李冰父子主持修建的都江堰等。都江堰在世界水利工程史上尤其值得大书特书，它的特点是无坝引水、自流灌溉。都江堰由"鱼嘴""飞沙堰""宝瓶口"组成。首先，它顺应岷江的水势，由"鱼嘴"将岷江分成内外江，四六分水。平时内江分 60% 的水灌溉，遇到超过 5000 米^3／秒的洪水时，则外江分 60% 的水排洪。其次，江堰堤内筑有"飞沙堰"，当内江遭遇百年一遇的洪水时，可向外江分洪 75% 以上，确保成都平原的安全。飞沙堰还有阻挡泥沙进入灌区的作用。一旦水势过猛，飞沙堰会自动溃决，以利于泄洪。"宝瓶口"是凿玉垒山而成的引水口，长 80 米，宽 20 米，高 40 米。据测量，无论岷江发生多大的洪水，宝瓶口所引的水量始终不超过 700 米^3／秒。

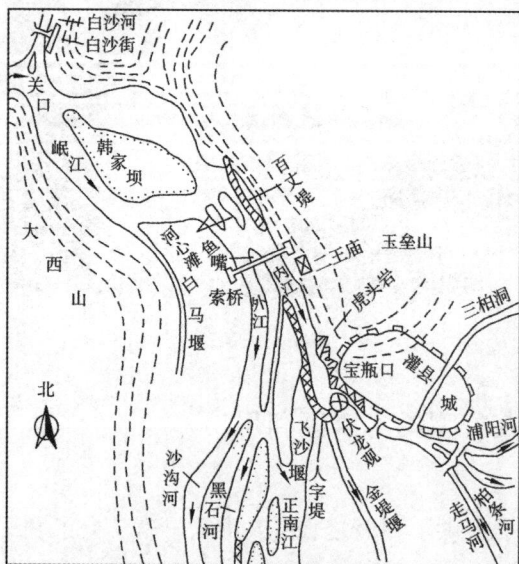

都江堰灌区图

都江堰达到了航运、防洪、灌溉、城市用水多项目的，是一个多元水利工程。和现代水利工程根本不同的是，它没有破坏自然，而是巧妙地利用了自然，是一个与自然和谐一体的水利工程，所以经受住了历史的考验，"民到今而受其赐"。都江堰修成后，川西平原变成了不知饥馑的"天府之国"。现代许多水利工程由于是从主客对立的征服自然的思维出发的，没有考虑自然本身的要求，在发挥一定益处的同时，也带来不少弊端。

3．舟梁、沟洫、河渠、井与运河

无论是顺流而下还是溯流而上，河川都是畅通无阻的通道，但要横穿，它就变成天堑，所以古人往往建立舟梁，以利于交通。照古人所说，建立舟梁是先王之教，"川无舟梁，是废先王之教也"。梁又叫"渠梁"，是一种简易的桥。它的建造方法是先从河流或湖泊两侧开始向中间修坝，坝并不合拢，留有过水的通道，道上建桥梁。这样做一方面可能是因为古人受技术的限制无法修建大型的跨越水面的桥梁；另一方面，更重要的是他们反对用一条死的堤坝把水拦截住。他们认为这是"防川""壅川"。川无舟梁是会亡国的。如前所述，周定王的使者单襄公聘于楚，路过陈国时，发现陈国泽未加固，川无建梁，指出雨毕而整修道路、水涸而建造桥梁是先王之教，陈国却什么都没有做，"是废先王之教也"，所以陈国一定会灭亡。《孟子》也有一条应当适时建造舟梁的纪录。据说，子产治理郑国时，让百姓乘他自己的乘舆渡过溱河、洧河。孟子认为，这不过是施小恩小惠，不是为政的根本原则。孟子说，每年十一月修成徒杠，十二月修成舆梁，这样百姓就不会为渡河发愁了。一个为政者怎么可能做到让每个人都乘他自己的乘舆渡河呢？帮得过来吗？

与舟梁类似的水利工程是沟洫和河渠，二者都是灌溉和防洪措施。孔子说禹尽力于沟洫，大禹治水的主要任务是排水，沟洫就是排水的发明。从《周礼》及其他史书的记载可知，当时的土地大多数还是低洼湿地甚至沼泽之类，须有沟洫排水，再把沟洫以外的地方垒高成为畎亩，这样，土地的改造才算成功。河渠则主要是引水灌溉、改良土壤。郑国渠、白渠都如此。水可以把土壤中的盐卤冲走，水携带的泥沙淤积下来，即成为良田。郑国渠建成以后，关中平原成为沃野；西门豹引漳河水后，魏国河内地区千年的潟卤之地变成了良田。沟洫河渠的发明，促进了中国农业文明的发达。

与此相类似的还有井与运河。在水井还没有出现以前，上古时期的人们只能饮用河水或者湖泊沼泽之水。这些水，量当然是无穷的，不构成对人的制约，可是质却常常存在问题。河水往往裹带泥沙，沼泽湖泊水不流动，会有污染；而且，无论河水还是湖泊之水，都还可能有对人体有害的浮游生物，有害健康。照我们推测，古人是首先发现了可见的泉水水质甘甜、清洌，利于健康，然后才开始寻找看不见的泉源，从而开始打井的。《说文解字》"井"字有二义，其一为井田制，其二是水井。《白虎通义》说，"井者，水之生藏于地中"。这是井的十分恰当的定义。中国是一个很早就发明了掘井技术的国家。传说水井的发明人是伯益。根据考古发掘，在距今约六七千年的河姆渡文化遗址中，就已经有了水井。井口为方形，井壁每边有几十根排桩，由一个用榫卯套接而成的方木框置于井底支撑四壁。1976—1977 年，考古工作者在河南洛阳汤阴白营遗址发掘出一口新石器时代龙山文化时期的水井，深约 12 米，内有 14 层井字形木架加固井壁。这是我国考古发掘出来的最早的水井。2005 年 5 月，考古工作者在对山东一处龙山文化遗址的考古发掘中发现了一眼木构架水井，距底部约 1 米处仍保存有"井"字形木框架的朽痕，初步判断木框架四边各由一两根圆木交叉搭建而成。这些井的结构都是井壁由木头支撑。王充在《论衡》中记载了一条帝尧时代的民歌《击壤歌》："日出而作，日入而息，凿井而饮，耕田而食，帝力与我何哉！"王充明确断言，尧时已经有水井了。正是由于水井对人类生存的巨大意义，《周易》出现了《井》卦䷯，卦象是"坎上巽下"，坎为水，巽为木，这正是古时期井的结构。

如果说自然具有神意，如果说没有水井的自然包含着一种对于人的限制，那么，这种限制也是有神意基础的。水井的出现，改善了人们的生存条件，打破了自然的限制，也冲决了神意的限制。如果说自然也是神的居所，那么，神的居所应当是那种未经人工改造的自然。从这两层意义上说，水井戳破了神的自然，冲垮了神对人的约束。于是，神被惊扰了，"人类下一个行动会是什么？我们在下界还能得到安宁吗？"从此，他们退出了和人共处的自然。《淮南子》说，伯益造井，龙回到了天上，众神回到了昆仑山上，离开了人类。可以说，人类的历史就是一个人情与神意即自然的魅力之间交往、对话、消长、争执、改造、诠释的历史，是人情不断突破神意的过程。水井是人的自由的表现。我们一方面赞颂人摆脱自然束缚的自由，赞叹人类文明的进步，另一方面，我们也要思索自然的权利，在人情和神意即自然之魅之间画出一条界线。当然，这主要是针对近代以后而言的，古代的水井还没有近代意义的破坏自然的效果，更多地表现了人的自由。经过近代祛魅以后，自然成为赤裸裸的自然，变为纯粹的客体等待人的改造与征服。

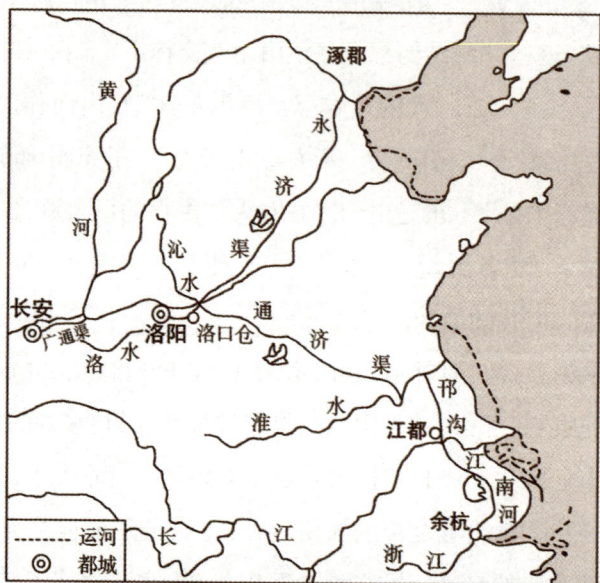

隋朝大运河示意图

　　运河是社会的产物。单独一个家庭或个人决不会达到需要或开凿一条运河的地步，只有一个政权、一个社会才会需要运河。因此，运河的出现不仅是人类技术进步的表现，尤其也是社会文明进步的表现。以闻名于世的京杭大运河来说，它的前身是

2500年前开凿的邗沟。春秋时期，地处东南的吴国欲称霸中原，它首先碰到的是地理限制。它必须越过长江水系进入黄河水系后，才能与中原诸国抗衡，获得霸主的地位。公元前486年（周敬王三十四年），吴国开挖邗沟，从邗城（扬州）西南引长江水，在蜀岗下掘深沟，通向东北射阳湖，再折向北到末口通向淮河，由此通了长江和淮河两大水系。公元前482年，吴国又进一步打通了泗水、沂水、济水，与晋公在黄池（今河南封丘）相会。泗水发源于山东泗水东蒙山，途中汇合洙水经沛县至徐州；济水发源于河南济源市王屋山，向东南流经卫、曹、齐、鲁等国，在今山东鱼台与泗水汇合。吴国所开挖的水道从菏泽至鱼台与泗水、济水连通，沟通了江淮河济四渎。这样，吴国就可以从东南出发，沿河北上，直达中原了。这条水道所沟通的一直是中国历史上文化、经济最繁荣的地区，所以，作为一条重要的人工交通枢纽，它在历史上始终发挥着物资运送、人员交流和文化传播的作用。楚灭吴后，这条水道得到了保存和整理。隋朝把这条运河向西拉到洛阳，向北伸至涿郡（今北京），向南连通扬州、杭州，使这条运河成为联通杭州、洛阳、北京的大运河，隋都洛阳成为全国的交通枢纽。如果说，水井克服了饮用水质对于人的制约，运河则克服了河流的地域性对于人的制约，二者都扩大了人的地理活动范围，增加了对自然理解和利用的深度。运河、沟洫、河渠、水井，都不是自然的产物，而是人类文明的成果，文化的结晶，都体现并提高了人的主体性和自由，是人与自然你来我往的抗争与适应、和谐与共存的交往史的一部分。如果说文明、文化是人的创造物，那么，井和沟洫河渠正是文明、文化的见证。

4．水与河流的管理机构与法令

中国古人很早就设立了管理河流水域的官职。据《周礼》记载，管理湖泽的官吏叫作"泽虞"，管理河流的叫"川衡"。大河的川衡达148人，中河74人，小河23人；大泽、大薮的泽虞106人，中泽、中薮的人数同于中川之衡，小泽、小薮的人数同于小川之衡。泽虞的官职比川衡大。川衡为下士，泽虞为中士。川衡的职责"平知川之远近宽狭及物之所出"，泽虞的职责是"度知泽之大小及物之所出"。川是河流，泽是湖泊、沼泽，也包括水塘等。泽的重要性似乎不及河流，为什么泽虞的位阶反而比川衡大呢？唐代贾公彦认为这是由于"泽之所出物众多"的缘故。泽虞是常常行使自己的职责的。据《礼记·月令》的记载，孟冬之月，泽虞、渔师的职责是收取各类水产供天子、国家之用，防止官吏侵夺百姓，让百姓怨恨天子。川衡还有掌握河流禁令的职能，泽虞也有掌握"泽之禁令"、处罚犯禁者的职能。在《周礼》中，与水相关的职位还有"司险""川师""雍氏""萍氏"等。大司徒的职责包括图画国之山川、渊薮、物产。司险是掌握山川的地形地貌的官职，职责是掌握国家的地图，周知山林、川泽的险阻，了解道路的情况。川师的职责是掌握川泽的名称、基本情况、物产，以便为国家贡献珍异之物。雍氏的职责是掌管沟、浍、池的禁令，其中包含对于水害防备，如春天疏通沟浍、秋天堵塞等。萍氏的职责是"掌国之水禁"，其中最为有趣的一项是"禁川游者"，即禁止游泳。

在《管子》中，防止水害是和工程联系在一起的，管理水的官职是司空。《管子》上说决通水潦、沟渎，修建障防，安定水藏，做到即使发水也无害于五谷，纵然年岁凶旱也仍能收获，这是司空的职责。《荀子》的记载与此相同。历代关于水的官职还有很多，如庄子曾经向"监河侯"借过粮。"河"是黄河，可见当时就有了管理黄河的官吏。

《月令》等典籍记载了一些关于水域管理的政策和法令，反映了当时人们关于保护水域的认识。《礼记·月令》上说，仲春之月，不得竭川泽、漉陂池。《吕氏春秋·仲春纪》有与此完全相同的记载。睡虎地秦简《秦律十八种·田律》中也有"春天二月，不准……堵塞水道"的条文。这说明，在秦代，水源保护已经上升到法律的层面。这种对水资源进行管理、保护的思想在汉代得到了继承。《汉书·百官公卿表》上记载有"奉常"一职，属员有"均官、都水两长丞"。颜师古的注解引用如淳的话说，"按照法律，都水的职责是管理渠堤水门"。《三辅黄图》上说，"三辅皆有都水也"。又据《百官公卿表上》的记载，治粟内史、少府、水衡都尉、内史、主爵中尉属卜都有"都水"之职。《汉书·刘向传》记载，刘向就曾经担任中郎，领护三辅都水的官职。据颜师古注引苏林的话说，"三辅地区多灌溉渠，全由三辅都水主管"，所以这个官职叫作"都水"。又据《汉书·儿宽传》记载，左内史儿宽在管理水利设施时，曾经制定过渠水分配措施"水令"，合理分配水资源，扩大灌溉面积，这可能是中国历史上首个灌溉用水管理制度。

四、祭祀山川

儒家文化认识到，不光川，山也是导气的一个环节。荀子曾说，"聚土成山，风雨兴焉"，可见风、雨都是气的一种。土壤中的水分通过自然的蒸腾作用，升到天空变成云，又随风飘走，这便是直观的"导气"的过程。关于山的导气作用，《礼记》又说："山川出云。"《说文解字》直接把"云"解释为山川之气。根据古代祭祀原则，山川凡是能够"出云"、形成风雨、出现怪物的，都叫作"神"，都应当得到祭祀。当代美国生态哲学家利奥波德提出"像山那样思考"，其目的也是让人们改变思维方式，认识到山上动物、植物和微生物之间的相互关联和相互依存。不过，利奥波德似乎没有认识到山的导气作用。导气被中国古人认为是山川的神灵作用，这种神灵凝聚于人，能够产生卓越的人才，这也是通常所说的钟灵毓秀的含义。儒家文化通过祭祀来表达对于山川的敬畏。这种情感引导人们用生态的、道德的态度对待山川大地。董仲舒明确要求"恩及于水"，这样才会出现丰醴泉水。相反，虐待水，就会出现大雾、大水，水反而成为危害百姓的东西。

1. 祭祀山川的理由

儒家文化祭祀山川的首要原因是要表达对于山川的"神意"的敬畏。《尚书·尧典》提出"禋于六宗，望于山川，遍于群神"。"禋"是"洁祀"，即不用肉类牺牲品，具体做法是先烧柴升烟，再把玉帛等牺牲品放上去，借烟气上达以致精诚。关于六宗，古文《尚书》解释为天宗三、地宗三。天宗为日、月、星辰，地宗为岱山、河、海。日、月分别为阳、阴之宗，北辰为星宗，岱为山宗，河为水宗，海为泽宗。可见，六宗的祭祀对象体系包含一切山、水，泰山代表所有的山，黄河代表河流或流动的水，海代表所有湖泊即静止的水。《礼记》中也有关于天子祭山川的记载。古人把祭祀上帝和祭祀祖先同等看待，认为祭祀可以把统治者或者圣人与上帝、山川联系起来。祭祀上帝让人知道天地万物是一体的，祭祀祖先让人知道自己的身体是从哪里来的。《礼记》有一个说法，认为行政是君主的藏身之所，君主行政必须以天为根本出发点，效法天的阴阳使万物各得其所，效法地的高低使社会尊卑有序，效法祖庙以行仁义，效法山川而创立制度。这里所说的土地山川不是单纯的土地山川，都含有天命神意，是神意展示自身的场所。祭祀河流是沟通神、川、我（统治者）的措施，只有沟通了神意，政权才能获得合法性。不只是祭祀活动，祭祀的对象山川也是政治生活的重要部分。天地万物都如此，特别提出山川，是因为山川是天地万物中最为显著的现象。

据《礼记》记载，曾子问孔子："君主死时世子出生，这时的礼该如何？"孔子在讲了一套繁复的祭礼后说："太宰命令祝史把世子出生的事情广泛告知五祀、山川。"曾子又问："如果君主已葬而世子出生，礼又该如何？"孔子说："太宰、大宗随从大祝把世子出生这件事告于亡父之庙——祢。三月后，在祢中给世子起名，把他的名字广泛告知社稷、宗庙、山川。"把世子出生和世子之名遍告山川的仪式表明，山川是日常政治活动的一个有机组成部分。把世子之名广泛告知山川，是对山川的通报，也是祈求山川的接纳。按照儒家礼仪的规定，天子巡守、诸侯觐见天子、诸侯相见等重大、神圣、庄严的政治活动，都是要告诉山川的。这样做的理由与前相同，既是通报，也是以山川为见证，还是一种期盼。这里，山川是和社稷、宗庙、祖先的牌位相提并论的。《礼记》说，天地之祭，宗庙之事，父子之道，君臣之义，都是以下事上，它的规定性是"伦"，即"顺从"。社稷山川之事，鬼神之祭是"体"。具体地说，"社稷山川是天地的别体，鬼神是人的别体"。可见，在古人那里，天地、宗庙、父子、君臣、社稷、山川都是相通的，所以，天子是一定要事奉、祭祀山川的。如前所述，古代天子有籍田千亩，每年立春，都要到籍田亲耕，以象征对农业的重视和提倡，劝民务农，但其意义又不止于此。《礼记》认为，这也是为了敬事山川。为什么要敬山川？房玄龄认为，鬼神、山川都有一定的尊卑秩序，所以一定要礼敬它们；君王如果能够封禅泰山，敬祀山川，就能威令远闻，政令畅通，国家得到治理。

山川能够为百姓提供财用，有功于民，是古人主张祭祀山川的第二个理由。《国语》把祭祀对象又分为三类，一是有功出材用者，如山林川泽；一是有德可以明信者，即前代令哲；一是民所瞻仰者，即日月星辰。《礼记·祭法》也说："日月星辰，民所瞻仰也；山林、川谷、丘陵，民所取财用也；非此族也，不在祀典。"《礼记》是儒家权威经典，它的说法对后世的影响很大。《公羊传·僖公三十一年》说："山川能润百里者，天子秩而祭之。"这一认识在不少典籍中都有，可以说是中国文化的一个普遍的认识。《礼记·月令》说，为了为民祈福，祈祷丰收，有司要雩祭山川百源和为百姓做出贡献的百官卿士。"雩"是一种求雨的祭祀。之所以祭祀"山川百源"，是因为山川能够出云成雨，为众水之所出。求雨，就要祭祀作为水的源头的山川。这类祭祀要求在《礼记》中有很多。为民祈福是祭祀山川的第三个理由。祭祀"山川百源""以祈谷实"都是为民祈福的。

2．祭祀的原则

儒家对于祭祀者和祭祀对象的对应、祭祀的地点、频率、使用的器物都有规定。祭祀者和祭祀对象的对应原则是这样的：天子的祭祀对象代表天下，诸侯的祭祀对象代表地方。天子祭祀天地、名山大川。因为天地是自然中最大的事物，名山大川是自然中最为显著的现象，也具有代表天下的意义。名山即五岳，大川即四渎。此外还有"四方群神，日月星辰，风伯雨师"等，这些也都在天子祭祀的范围之内。如果名山大川在诸侯的封地境内，诸侯也可以祭祀。如黄河在晋国境内，晋国可以祭祀；泰山在鲁国境内，鲁国可以祭祀。这叫"在其地则祭之，不在其地则不祭"。不过，这只是特例。诸侯原则上只祭祀本地的山川神祇。大夫只祭五祀。所谓"五祀"，照《白虎通义》的解释是，春祭户，夏祭灶，六月祭中霤，秋祭门，冬祭井。其中的道理是，户是人所出入之处，如同春天万物触户而出。灶为火之主，是人自养的工具。夏季火主宰，长养万物。门是闭藏自守的工具，秋万物成熟，收敛自守。井是水的生藏之地。冬生水，万物伏藏。从五行上看，冬为太阴，盛寒为水，对应井。中霤象征中央土。

天子祭天的礼仪行于南郊。在祭祀时，天子行臣礼，其意图是为了使"严上之礼达于下"。天子在宗庙以子礼事尸（代表祖先受祭的人，一般为儿童），是为了使仁义之礼达于百姓；自祭山川，是为了使傧敬鬼神的教化达于百姓。祭祀的地点、时间是这样的：天子春天在国都东郊设坛拜日，夏天在南郊设坛拜日，秋天在西郊设坛礼山川，冬天在北郊设坛礼月、四渎。月属于太阴之精，为地神。照五行说的解释，四渎、山陵也都是地神。山陵为微阴，配西方；四渎为极阴，和月一道，同配北方，祭于北郊。祭祀的频率是"岁遍"，即一年祭祀一遍。这是与五行、四时、阴阳相配合的。五行数五，四时数四，为了协调二者，古人在夏季划出六月份归属于土，形成春－东－木－阳、夏－南－火－阳、中夏－中－土、秋－西－金－阴、冬－北－水－阴的格局。这是一个普遍原则，无论是天子巡守还是诸侯觐见天子，都要遵循。

从典籍的记载来看，天子巡守的频率是五年一次，巡守除了视察各地政治、民风外，还兼有祭祀的目的。天子巡守的地点包括五岳四渎这些名山大川。巡守过程中天子祭天的仪式是"柴"，具体做法是焚烧木柴，告诉上天自己到了这个地方；祭天之后"望祭"五岳四渎。天子在巡视过程中召见诸侯，视察地方政事，有不敬山川神祇的，削去其封地。诸侯觐见天子，也要礼日月山川。其中日月山川与五行四时的对应规定与天子礼日月山川的规定一致。因为五行与四时的对应是普遍的原则。

祭祀山川使用的牺牲、器具遵从的是各从其类、以阴祀阴、以阳祀阳的原则。比如祭井是用鱼。据《仪礼疏》的解释，这是因为鱼是水精。祭四渎的名称是"沉"，祭祀之物是"玉"或"璧"，具体做法是"沉玉"或者"投璧"于河流之中。据《左传·僖公二十四年》记载，晋文公重耳在出逃的路上曾经为了表示与舅父同富贵，曾投璧于水，发誓说："所不与舅氏同心者，有如河水。投其璧于水。"为什么盟誓一定要以日月山河为证？这是因为：首先，日月山川是自然中巨大、显著的现象，为人神所共见，意味着对着它们起誓可以获得一种客观证明；其次，日、月、川都能够发出光明，意味着它们能够昭见起誓者的心灵；再次，这三者都是永恒的自然现象，意味着起誓的内容永远有效；第四点，也是最为根本的，即日月山川都具有神性，只有神才能鉴照、监督人的誓言。在古希腊，人们也对着河流起誓，"水便是誓言"，"诸神都凭着斯底克斯河发誓。誓言是：把确认的事，把自己所确信的事当作对象说出来"。照黑格尔所说，临河而誓是要为了使誓言成为对象，获得客观性。不过，从中国文化来看，这样做的意义还不止于此。《周礼》提到的祭祀山川所用的动物、器具还有狸、蜃、璋、脆冕。另外，水本身也是祭品，叫作"清涤"，可用来和酒。

3. 水旱之祭

由于中国气候的特点，水旱是经常发生的事。大禹治水已不必说，商汤时期曾有九年之旱，商汤为了求雨，祷于桑林。在古代，久旱祷雨、久雨祷旸都是一项重要的政治活动。当政者必须在气候发生变故时做出虚、实两方面的举措，以示亲民。虚的方面是举行祭祀活动求雨或止雨，实的方面是进行具体的抗旱或者排涝活动，赈济灾民等。不过，虚、实只是我们现代意义上的区分。在古人看来，求雨的祭祀活动也同样是实在的。关于此类活动，荀子做出了十分理性的说明。他指出，雩而雨和不雩而雨没有什么区别，不过是一种文化、文饰活动而已。君子把这种祭祀当作文化活动，小人认为有神灵的帮助；"以为是文化活动则吉，以为有神灵保佑则凶"。荀子的见解在儒家思想和传统文化中处于主流地位。中国文化对于超乎人力的神灵、神异的东西至少是存疑的，主流文化很少积极地去迎合这方面的倾向。这也是商周以来怀疑天的思潮和孔子所奠定的"不语怪、力、乱、神"的传统在发挥着作用。但是，非常矛盾的是，也正是在儒家的重要经典如《礼记》中、儒家的重要代表人物如董仲舒那里，有不少宣扬水旱之祭的文字，这也形成了一个传统。这两个传统都可以统合在人本主义之下。在人与神的关系中，人无疑是中心，所谓各类祭祀，也都是为了保障人的利益的活动。

如前所述，水旱之祭的名称为"雩"。据《说文》的解释，雩是一种在夏天实施的祭祀活动，即向赤帝献乐，以求降雨。《左传·桓公五年》说"见龙而雩"，这里的"见龙"指每年孟夏季节，苍龙星出现于东方，这一月祭祀五方上帝，这是一种常祭。大旱之祭则是一种非常之祭。《公羊传·桓公五年》说："大雩者何？旱祭也。"何休注曰："祭言大雩，大旱可知也。""雩宗"是水旱之祭的坛。前文述及的为民祈福的山川之祭祀，都有求雨求晴的意图。

水旱之祭的原则或原理仍是阳尊阴卑，阴阳各从其类，以类相动。具体做法是久雨则攻阴，久旱则求阳。洪涝时鸣鼓攻社，大旱则雩祭求雨。水旱都是天地所为，阴阳之事，为什么有的请、有的攻？照董仲舒的解释，洪涝是阴灭阳，大旱是阳灭阴，阳尊阴卑，所以，涝则鸣鼓攻社，旱则雩祭求雨。

如前所述，在西方文化中，一神的基督教的普及，消灭了除上帝之外的各类山川大地的灵神。近代以后，启蒙运动又带来了对于自然的"祛魅"，自然成为没有神意的单纯自然，成为物体、客体、对象。这样一来，人和自然的关系就变为纯粹的斗争和征服的关系。中国不曾有过西方意义的启蒙运动，没有对于自然的祛魅。但五四以来的科学思潮以及以后的无神论思潮、各种反对封建迷信的活动也形成了对自然的祛魅。在当代中国广泛传播的哲学观念缺乏对自然的敬意，是改造和征服自然，而不是与自然共处。这是现代性的产物，与环境被破坏有密切的联系。祭祀山川的活动保持了对于自然的敬畏，把人和自然通过神意神秘地结合在一起，在历史上起到了保护自然的作用。这种敬畏自然的心态，对于经受过现代化洗礼的人类越来越具有重要的意义。

"大德曰生"——儒家自然哲学的 生态维度

　　儒家的自然哲学可用气、通、和、生、道五个关键词来表示。"气"是构成宇宙万物也包括人的最基本的元素或质料；"通"是气在不同事物之间的流通、循环，是物质和能量的交换；"和"是阴阳二气的运行产生生命的状态和万物之间相互关系的应然状态；"生"是天地万物的生命、生长，是对宇宙万物的存在状态、机能和发展趋势的说明；"道"是所有这些事物的总体过程与运行的规律。在儒家哲学以至于整个中国哲学中，不存在孤立的自然界，世界离不开人，人也离不开世界，二者是一体的。这在儒家文化中是一个基本的事实，也是一个应然的价值。人和世界的关系在儒家文化中又叫作"天人之际"。董仲舒说"天人之际，合而为一"，这表达了儒家文化的生态精神。由于天人合一也是一个价值，所以儒家文化在后来的发展中特别强调人应自觉地做到或达到天人合一，这是儒家文化的功夫论，其中包含生态良知论。

一、气、阴阳、五行与世界的五行化

1. 阴阳、五行、气

董仲舒说："天地之气，合而为一，分为阴阳，判为四时，列为五行。"他把气分为阴阳、四时、五行，明确地说明了气、阴阳、五行三者的关系。不过，从现有材料来看，气的概念似乎是在阴阳、五行之后才出现的，五行最初与气和阴阳也没有关系。气的出现，进而把气与阴阳、五行联系起来，这是认识的过程；而从逻辑的程序看，气是最为基础性的概念，从气到阴阳再到五行，构成儒家对自然的全面、深入和系统化的认识。

阴、阳起初是一对表示方位的概念，内涵非常具体：太阳照射到的地方为阳，照不到的地方为阴。《诗经》中出现了不少阴、阳的概念，表示的多是与日照对应的方位。最著名的是《大雅·公刘》中的观察山冈的阴阳面和溪流的方向的句子。这是"阴阳"连用的较早的例子。此外，《易经·中孚》卦九二爻辞"鸣鹤在阴，其子和之"，《尚书·禹贡》中的"华阳""华阴""岷山之阳"等说法，也都表示位置。这些阴阳概念都比较具体，还不是抽象的哲学概念。

"五行"说最早出现于周初，是武王灭纣后殷商遗臣箕子向武王陈述治国的大经大法时提出的，内容即水、火、木、金、土五种具体物质，还不一定是抽象的哲学概念。现在，武王见箕子一事已为出土资料所证实。《春秋左传》还出现过"天生五材，民并用之，废一不可"的说法，《周礼·考工记》也有

"五材"的概念。前者据杜预的解释，后者据郑玄的解释，都是指"五行"。春秋时期，墨子、孙武等人已经批评过五行相胜的说法，提出"五行无常胜"。这表明五行相生相胜的观点在当时已经相当流行，可能只是未得到精英文化的接受。《国语·周语》史伯曾经提出"和实生物"，说把不同的元素结合在一起才能产生万物，所以先王把土与金、木、水、火相杂，形成百物。五行在儒家文化中进一步演化为事物的五种性质和五个类别，这样"五行"就成为哲学概念，事物的分类范畴。不仅如此，五行还是自然界事物的联系方式，五行生克是事物的联系模式。五四时期有一种看法，认为"五行说起于战国的后期"，"邹衍是创始五行说的人"。这些观点并不准确。仔细寻绎《史记》，得不出阴阳五行学说由邹衍创立的结论。司马迁提出邹衍有两个创造，一是"五德终始说"，把阴阳、五行生克和朝代的更替联系起来；一是"大小九州说"，并未表明五行阴阳之说或者这一学派由邹衍所创造。相反，五行阴阳之说在邹衍之前就应该已经存在并非常流行，否则他就不能直接用这种观点来解释朝代的更替，而必须首先对阴阳五行说进行说明。

"气"是象形字，《说文解字》中写作"气"，解释为"云气"，凡是"气"的类都从属于"气"。气是构成人的材料。《老子·第十章》说"抟气致柔，能婴儿乎"，这里的气便是材料。把气和阴阳结合起来，较早的史料分别是春秋时期医和的"六气"说、伯阳父关于地震的解释等。医和说天有六气，即阴阳、风雨、晦明。这里，阴阳和气都还不是普遍概念，阴阳也不是后来所说的气的两种性质。因为二者还处于和风雨、晦明的对立之中。普遍的气概念的提出者，一是西周末年的伯阳父，一是老子。有一种说法认为，伯阳父即是老子。如前所述，伯阳父在说明西周地震时指出，那是由天地之气的运行失去秩序所引起的。他用来解释地震的"天地之气"只是一种气，不与晦明、阴阳并列，具有抽象概念的形态。他又把天地之气进一步分为阴阳两个方面或两种性质，认为地震是由于阴阳失去了秩序。这表明在他看来，阴阳是气的普遍性质，不是两种不同的气。这样，气和阴阳就都上升为抽象的普遍概念，包括人在内的万物和阴阳、气的关系就十分清楚了。气是质料，分为阴阳两种性质或方面，二者的和合构成事物。庄子进一步提出了"通天下一气"的思想，把"气"上升为万物的本原。在庄子那里，气同样也是分为阴阳的，人、物都受气于阴阳。应该说，在先秦，万物都是由气构成的，气分为阴阳两种性质，二气的运行有一定的秩序。这些思想是儒家、道家共同的主张，也是中国文化的基本思想。

2．"一阴一阳之谓道"

《庄子·天下篇》说"《易》以道阴阳"，但《易经》仅有《中孚》卦（䷼）九二爻辞出现了一个"阴"字，所以很难说是道阴阳的，真正道阴阳的是《易传》。《易传·系辞》用阴阳的原理来解释六十四卦，提出"一阴一阳之谓道，继之者善也，成之者性也"，这是中国思想史的一个具有里程碑意义的普遍命题。它把中国文化的阴阳观提高到了新的高度。"一阴一阳之谓道"，既是《周易》的基本原理，也是天地万物的根本原理，还是观察和认识事物的

思维方式。照当代哲学史家朱伯昆先生（1923—2007）的解释，
"一阴一阳之谓道"，首先是说任何事物都可以分为阴阳两个方
面，有阴必有阳，有阳必有阴，二者具备才合乎道，继承此方可称
为完善。其次，它是说，阴阳是相互对待的，二者的对待构成事物
的基本状态。再次，它还表明，事物是变化的，阴阳变易是事物变
化的法则、刚柔相推、消息盈虚、天地交通等原理是变化的内涵。
刚柔相推是把对立面的相互推移作为事物变化的原因。消息盈虚

朱伯昆

则是对变易过程的论述，事物的发展过程包括盈虚、消长和兴衰。
"天地交而万物通"，是说在变化过程中，阴阳两个对立面相互吸
引和排斥达到成功。照《易传》的解释，天地相交是天气下降，
地气上升，二者交会，达到亨通。如《泰》卦（☷）卦象是乾下坤上，
天在地下，正是天气下降、地气上升的状态，所以《泰》卦的《象
辞》说"小往大来，吉亨。则是天地交而万物通也，上下交而其志
同也"。《否》卦（☰）则相反，所以它的《象辞》是"天地不交
而万物不通"。《易传》作者认为"易与天地准"，就是说《周易》
的原则即是客观世界的原则，掌握了《周易》也就掌握了世界。"一
阴一阳之谓道"的命题提出以后，关于事物和阴阳的关系问题得
到了根本的解决。

3．世界的"五行化"

五行化是儒家文化以至于中国文化的一种思维方式。"五行化"是把"五行"作为范畴，对自然和人文世界进行分类，根据五行的生克关系来说明和理解世界的联系。这类似康德所说的为世界立法。五行相生的顺序是木生火、火生土、土生金、金生水，水生木；相克的顺序是金克木、木克土、土克水、水克火、火克金。五行生克的顺序有一定的经验基础。木生火、水生木都是显而易见的。物质燃烧后的灰烬会变成土，所以火生土。土生金是因为各类矿藏都在土中。如前所述，土包括山、石。金生水可能是因为金和水都在土层之下的缘故。金克木是金属能够截断木头，木克土是植物能够从泥土中生长出来，克服泥土对于生长的阻碍，破土而出这个成语是木克土的真实写照。土克水是因为过去河流的堤防都是由土建成的，土约束了水的流向，防止了洪涝。土克水包含着中华民族治水的经验教训。水克火、火克金都一目了然，不需要解释。

五行化的具体内容包括季节、节气、时间、空间（方位）、星象、色彩、音律、对应的神灵、动物、气味、祭祀的对象、天子的居处、物候、农事、政事、政治禁忌等。在世界的五行化中，声、色、气、味、时、事都可以被五行之一如土气、金气、木气等所划分和代表。不过，土气等说法也有指实际的土的意义。如初春"土气发"的土气，指的就是实际的土地。据《国语》记载，虢文公劝周宣王亲耕籍田时，屡次说到土气震发、土气动，就是指春天冻土解冻，变得松软，可以耕种而言的。五行化的生态意义在于它首先说明了世界的联系，这种联系具有生态意义；其次它把生态措施整合进了联系的框架中，使这种联系具有生态规范的意义。世界的五行化在《礼记·月令》中最为系统。我们看看《礼记·月令》对于春、夏的五行化。

《月令》关天春的五行化

五行	木		
季节	春		
	孟春	仲春	季春
星象	日在营室，昏参中，旦尾中	日在奎，昏弧中，旦建星中	日在胃，昏七星，旦牵牛中
日	甲乙		
帝	太皞		
神	名芒		
虫	麟		
音	角		
律	太族	夹钟	姑洗
数	八		
味/臭	酸/膻		
祀	户		
祭	脾		
居处	青阳左个	青阳太庙	青阳右个
色	青		
食	麦、羊		
器	疏以达		

续 表

五行	木		
季节	春		
	孟春	仲春	季春
物候	东风解冻，蛰虫出，鱼上冰，獭祭鱼，鸿雁来。天气下降，地气上升，天地和同，草木萌芽	始雨水，桃始花，鸧鹒鸣，鹰化为鸠；日夜分，雷电发生，蛰虫动，玄鸟来	生气方盛，阳气发泄，草木出土
政事	迎春，布德，施惠，亲耕，祭祀山林川泽	安萌芽，养幼少，存诸孤，省囹圄，去桎梏，祭社，统一量具	布德行惠，发仓，开府，振贫乏；通道路，导沟洫，修堤防
时禁	禁伐木、覆巢、杀虫胎、夭飞鸟……不得聚众，不置城郭，不可兴兵	不得竭川泽、漉陂池、焚山林；祭祀不用牺牲，遵循阳气养物	不得张设田猎的罝罘、罗网，不得洒毒药毒死禽兽，不得伐桑柘
错政对于天、地的影响	孟春行夏令，则雨水不按时来，草木早槁，国有恐慌；行秋令，则民大疫，飘风暴雨数至，藜莠蓬蒿并兴；行冬令，则水潦为败，霜雪大降，无法播种	仲春行秋令，会有洪涝，寒气来，寇戎侵；行冬令，则阳气不胜，麦不熟，民多相掠；行夏令，则国大旱，暖气早来，虫螟为害	季春行冬令，则寒气时发，草木皆肃，国有大恐；行夏令，则民多疾疫，时雨不降，山陵不收；行秋令，则天多沉阴，淫雨降，兵革并起

《月令》关天夏的五行化

五行	火		
季节	夏		
	孟夏	仲夏	季夏
星象	日在毕，昏翼中，旦婺女中	日在东井，昏亢中，旦危中	日在攀附，昏火中，旦奎中
日	丙丁		
帝	炎帝		
神	祝融		
虫	羽		
音	徵		
律	仲吕	蕤宾	林钟
数	七		
味/臭	苦/焦		
性/事	礼/视		
祀	灶		
祭	肺		
居处	明堂左个	明堂太庙	明堂右个
色	赤/朱		
食	菽、鸡		
器	高以粗		
物候	天气下降，地气上升，草木繁动，继长增高	日变长，阴阳纷争，死生分，鹿角解，蝉始鸣，半夏生，木堇开花	温风至，蟋蟀出，树木盛，土润溽暑，大雨时行

续　表

五行	火		
季节	夏		
	孟夏	仲夏	季夏
政事	迎夏，赞杰俊、贤良，班爵禄，劝民耕作，断薄刑，决小罪，释放轻犯	斋戒，静无躁，止声色，薄滋味，节嗜欲，定心气，百官静，省刑，安定阴之所成	取鱼龟，养牺牲，祭祀名山大川、四方之神、社稷之灵，为民祈福
时禁	不得有坏堕、起土功、发大众、伐大树、大田猎	不可在南方用火，禁刈蓝，关市无索	树木方盛，不得斩伐，不可兴土功、合诸侯、兴兵、举大事，以防止摇荡"养气"妨碍农事
错政对于天、地的影响	孟夏行秋令，则常有苦雨，五谷不长；行冬令，则草木早枯，大水冲埼城郭；行春令，则蝗虫为灾，暴风来，秀草不结果	仲夏行冬令，则雹冻伤谷，道路不通，暴兵来至；行春令，则五谷晚熟，起蝗虫，生饥馑；行秋令，则草木零落，果实早成，有疫情	季夏行春令，则谷物、果实不熟即落，国多风欬，人乃迁徙；行秋令，则多水，禾稼不熟；行冬令，则寒气不时，鹰隼早鸷

　　秋、冬的五行化与春、夏的五行化类似，这两个季节也有生态意义的禁忌。孟秋要完善水利设施，防止涝灾。仲秋天子要"难"阳气，以便秋气到来。如前所述，天子须在一个时节行使这个时节的政令，否则就会出现各类生态或政治灾难。就秋季来说，仲秋天已转凉，行春令就会导致时雨不降，草木复荣，国家产生恐慌；行夏令则会发生旱情，蛰虫不藏等。总之，政

事必须适应季节的时令、气的运行，否则就会产生灾难。

董仲舒对于五行化的思想又进行了新的发展，他用气的概念把天、地、人、政治、历史统合为一个统一的、联系的整体。他认为，天地之间存在着阴阳之气，人在天地之间，就像鱼儿在水中一样。人是天地的精华之气生成的，天地之间"莫贵于人"，所以只有人才能够偶合天地之数。这叫"人副天数"，即人的身体、关节的数目等与天象的数目一致。不仅如此，天也副人，天人互副。为了说明五行的生克关系，董仲舒把五行排列为木、火、土、金、水，相邻相生、相隔相胜的关系一目了然。

世界的五行化不仅说明了世界的生态性联系，也说明了世界的整体性和内在性。所谓整体性，是说包括人在内的天地万物构成一个有机联系的统一整体，天人合一。在儒家文化中，人与世界同属一个整体，人是这个整体的一个构件，二者不是时空上分离的主体与客体关系，而是同一整体的不同构成部分之间的关系，这是一个基本事实。五行化所提供的联系性的特点是内在性。也就是说，人和外部世界的关系是一种内在关系。内在关系的特点是关系项之间具有相互决定的作用，其中的某一项发生改变，其他关系项会相应发生改变。"天人感应"就是一种内在关系说。《中庸》说"至诚如神"，至诚的人可以预知善与恶、国家的兴亡。这在孟子那里发展为"至诚动天"。董仲舒继承了这种思想，并把它和阴阳五行学说结合起来，形成了天人感应的思想。他认为，天与人的阴阳之气可以相互引起，天地的阴气起，人的阴气即应之而起；人的阴气起，天地的阴气也会应之而起。所以，君主喜怒哀乐的不当会带来气候方面的灾难。在天人感应的思想中，人影响自然的部分常常被认为是荒诞不经的，其实这一观点并不是那么肤浅的。人和自然的关系的确是一种内在关系，倘若加上时间因素，则这种关系就会愈加明显了。就是说，在足够长的时间内，人的活动对于自然所产生的影响一定会表现出来。自然和人类的进化史已经表明了这一点。冯友兰先生曾经指出，董仲舒的天人感应论具有目的论和机械论两种性质。物理主义的同类相动是机械论的，天有喜怒哀乐，能赏罚人则是目的论的。董仲舒以目的论融合了机械论。这种看法是准确的。如果我们把目的论的神学色彩褪去，天人感应的合理内核就会显示出来：人和自然是一个相互影响的有机统一体，二者之间存在内在关系。当然，人与自然关系是一个永恒的话题。天人之际永远要"究"下去，人和自然的关系借用德国当代哲学家、美学家伽达默尔（1900—2002）的话来说是处于诠释循环之中，永无止境的。

二、气的"通"

1. "通气"："行"的意义

在儒家文化中，气不是固定不动的，而是不停地在不同物质之间循环和流动着的，这是世界能够存在并且具有生命的基础。五行的"行"，照董仲舒《春秋繁露》的解释是"行走"。《白虎通义》说五行是为天行气的，所以被称为五"行"。郑玄也解释说，"行"就是"顺天行气"。《尔雅·释名》认为，五行作为五种气，在各个地方和方位流动和施行，称为"行"。可见，五行作为五种基本物质，其根本性质在于运动、流行，并与其他事物相交通、交换、影响、排斥、结合，由此形成世界的存在、变化和发展。行的这种意义也可以叫作气的循环与流通，即"通气"。前述"川，气之导也"表述的即是气的流通，也就是"行"。太子晋特别强调天地疏为川谷，以导其气，使气既不沉滞，也不散越，百姓才能不缺财用。《礼记·礼运》中用阴阳之气、五行的概念把人和天地山川统一了起来，以说明其间的气的流行。《礼运》中说天地秉阴气，以山川为气的运行的孔窍。气通过山川吐纳、散出和收藏。气本来有云气的意象，"山川出云"正是气通过大地的孔窍——山川散发出来的过程。气把五行散布于四时之中。阴气和，才能产生月，月才能与日相配。盈、阙都是气的屈伸往复。《礼记》中还有鬼神为山川，助地通气的说法。《礼运》篇指出，圣人制定法则，以天地为本原或原则，以阴阳为开端，以四时为把柄，以日星为纲纪，以月的运行为量度；以鬼神为徒，以五行为质，以人情为田，以四灵为畜。郑玄认为，以鬼神为徒的"鬼神"即是山川，山川能够助地通气。孔颖达进一步解释道，鬼神即是山川，是助地通气的，属于地的类，圣王效法此树立群臣，助己施教。郑玄、孔颖达都是把鬼神作为山川，主张山川为天地之徒属，所以鬼神也是山川的徒属，能够帮助大地通气。中国民间宗教通常认为，鬼神是人死后变成的东西，儒家的理性主义观点是把鬼神说成是气的两种性能，鬼者归也，神者伸也，鬼神即气的屈伸往来。张载说

"鬼神是阴阳二气固有的两种性能"。的确，在古人的心目中，鬼神能动，山川不能动；不能动的山川之所以能够通气，正是由于它们都有类似鬼神的气的屈伸作用。《礼运》又提出祭祀山川是为了僾敬于鬼神，同样是沿着把山川和鬼神连通的思路而来的。

据《礼记》记载，子贡问孔子君子为什么贵玉。孔子在解释时说，玉的气如白虹，像天；精神表现于山川，像地。对此，郑玄解释说，虹是天气，精神是精气。山川是地用来通气的地方。孔颖达说，气如白虹是说玉的白气如同天的白气，所以玉像天。"精神见于山川"的精神，即玉的精气彻见于山川。同样，地也是"气含藏于内""彻见于外"的，所以，玉又像地。宋代吕与叔说，玉的光气能达于天，这就是"气如白虹"；光气韫于石中而光辉一定会表现出来，这就是精神表现于山川，这也是以山川通气为基础进行解释的。这里值得注意的是，对于地含藏气，气表现于山川，山川具有通地气的功能的认识，在郑玄时代已成为一种普遍知识，所以宋代吕与叔能够用它来解释《礼记》。山川不仅与天地通气构成循环，也与人通气构成循环。人、山川、整个自然都是一气贯通的。这也就是当代儒学研究者杜维明先生所说的"存有的连续"。因此，在古人看来，人和山川自然之间存在一种正相关的感应。自然的灵气凝聚于人，能产生卓越的人才，所谓钟灵毓秀，就是这个意思。

2. "宣气" "助气"

与"导气""通气"相同的还有"宣气""助气"等观念。"宣气"的说法来自前述里革断罟的故事。里革在割断了鲁宣公的大网后批评他说，古代只有到了初冬大寒之气开始到来，以及正月蛰虫出土的时候，掌管川泽禁令的水虞才允许国人捕大鱼，取龟鳖。这时阳气初起，捕鱼是为了助阳气宣泄。由此可见，川虞有助天地之气运行的职责；捕鱼是这一活动的象征。又据《白虎通义》说，太平的时候，有时雨，有时雾，有时旸，这些都是地气在宣泄。《白虎通义》中把天地时令气候的正常运转称为"宣气"。

通气、宣气是天地运行的规律和原则，在儒家文化中，"助通气"、反对阻气是人的职责。为什么要做到通气？《管子》说，通阳气是事天，可以经纬日月，用之于民；通阴气是事地，可以经纬星历。这里，《管子》便把阴阳二气的贯通作为人的职责。上文里革所说所做就可视为反对阻气的一种。《国语》中反对壅川，根本上也是反对阻气。前述太子晋在对灵王讲了一通不能壅川、防川的道理后，又举出前人如共公、鲧等壅川的后果，并从导气的角度对大禹治水进行了肯定。他指出，大禹采取疏通的方法，高下各适其宜，"疏川导滞"，决川通海，受到上天的褒奖，赏给他天下，赐给他姓"姒"，氏"夏"。太子晋特别提到，大禹治水做到了"天没有伏藏的阴气，地没有散佚的阳气，水没有沉抑的气"。这些都是"通气"的表述。《国语·周语》中伯阳父在论述西周三川地震时提出"水土演而民用之"，"演"是"润"，水曰润下，润就是通气。水土通气而百姓得到财用；

气不通，水土不能演，必然导致山崩川竭，财用匮乏，国家灭亡。

《易传·说卦》在解释八经卦时提出"山泽通气"，也是水土演的意思。《管子》也有"助气"的思想。其中说，在"五和时节"，即一年的中间，这时的季节为中夏，五行为土，数为五，色为黄，声为宫，方位为中央，君主须服黄色，食甘味，听宫声，用五数，治和气，饮于黄后之井，人心中要收藏"温和儒缓之气"，做到与自然一致，从而"以助土气也"。这表明，君王可以帮助土气的兴旺，促进它在自然和人事中发挥作用。除了助土气的提法外，其他如冬"行春政泄""行夏政雷"之类的禁戒，都是说没有顺春气或冬气，扰乱了气的正常运行，都是违气、阻气。行春政是提前把阳气泄漏出去了，会引起干旱；行夏政是阳气覆压了阴气，会引发雷鸣。《管子》反对冬天"发山川之藏"，也是非常值得注意的。开掘山川宝藏其实就是开发山川资源。《管子》之所以反对冬天这样做，是因为冬天乃闭藏的季节，采掘活动使得闭藏不密，地气外泄。

通气也是支配人的原则，人应当遵循。气在人体的运行必须畅通，否则就会发生疾病。《黄帝内经》具体说明了气与器官的相通，如"天气通于肺，地气通于嗌，风气通于肝，雷气通于心，谷气通于脾，雨气通于肾。六经为川，肠胃为海，九窍为水注之气"。《管子》强调"坦气修通"，"坦气"即孟子所说的"平旦之气"。平旦之气必须得到涵养，才能畅通。无论这种气是精神的还是生理的，它的修和通都是符合"通气"原则的。董仲舒把通气的思想引申为反对"滞郁"。他提出，阴阳之气在人，也在天；在人为喜怒哀乐，在天为暖清寒暑。气在人必须畅

行而不能有所停留，在天也必须周行而无滞留，否则都会出现
问题。

3. 社的"通气"意义

如前所述，社稷是政权的象征。社就其形式而言是土地，就其作为神的代表而言为社。社只有墙，没有屋顶。这是为什么？《白虎通义》引用《礼记·郊特牲》解释说，天子的大社，一定要能够经受到霜露风雨，以达天地之气。这也就是"通气"。屋子有顶，会隔断霜露风雨，阻断天地之气的循环，所以，社不能有屋。相反，亡国政权的社则是有屋的，为的是表示已经与天地隔绝了。由于社稷是政权的象征，所以，与天地隔绝就表示这个政权已经失去了天命。不可见的、具有神秘特点的天命是通过具有可见的、经验意义的气的运行，与人相联系的。这样的联系的一个结果是引起对气的正常运行的重视，由此达到了尊重自然的循环的生态效果。

自然的循环也是会出差错的。在古人看来，日食、月食、水涝、旱魃都是自然的运行出了差错。古人对这类问题的解决方法之一是在社中进行阴阳调和的活动。如前所述，《春秋传》上说，日食、水涝，则击鼓用牲于社。照董仲舒的解释，日食是阴气侵犯了阳气。社是土神，土地为阴，社是众阴之主，所以，日食时，用红色丝绳缠绕社树，击鼓攻之。但还必须用牺牲，因为社毕竟是土神，不能不尊重它，不能只攻责而不备牺牲。董仲舒认为，在社里攻阴求阳，是"正阴阳之序，直行其道"，是"义之至也"。《周

易》强调天地各处于它们恰当的位置上，山泽相互通气，八卦重为六十四卦，就是为了模拟天地雷风水火山泽无不交错通气，这样《易》才能与天地相等，成性命之理。

三、气的运动的"和"

1. "和"与气的"通"

在《国语》中，史伯曾经说过"和实生物，同则不济"。他所说的"和"，是金木水火土几种元素的配合。本节所要讲的"和"则更进一步，是气的运行的一种状态。"一阴一阳之谓道"，"和"是阴阳之气的往来、屈伸、相摩、相荡、相感、相应、吸引、排斥从而达到和谐、协调状态。史伯说的"和"是可见元素的比例适当的结合，此处的"和"则是天地之气的不可见的适当配合，由此达到万物生生的和谐结果。《易传》讲"生生之谓易"，阴阳之气在"和"的状态下运行是宇宙中生命产生和持续的根本条件。荀子说，在宇宙的运行过程中，万物都是在构成它们的阴阳之气和谐运行的时候产生的，都是在得到合适的滋养后而最终形成的。这就是天的不可见的神功。荀子所说，是当时中国文化各派共同的思想。如，《庄子·田子方》中也强调阴阳交通成和而生万物，《周易》的《泰》卦《象传》是"天地交，泰"，这里的天地，也指阴阳二气，二气相交，才能达到"泰"的结果。与此相反，在《否》卦中，阴阳二气不相交，它的《象传》是"天地不交而万物不通"，不利于万物的生长。《周易·乾》卦的《彖辞》提出，在天道变化的过程中，各种事物都得到自己的性与命的规定性，达到"太和"的境界，这才是"利贞"，利贞是天地万物的性命的本来状态。张载说，太和就是道。

　　关于阴阳之气的产生和循环，儒家自然哲学的一种观点是以《周易》的《复》卦为一个支点，用十二辟卦说来说明阴阳二气的产生和循环。十二辟卦是《复》䷗、《临》䷒、《泰》䷊、《大壮》䷡、《夬》䷪、《乾》䷀、《姤》䷫、《遁》䷠、《否》䷋、《观》䷓、《剥》䷖、《坤》䷁。《复》卦的初爻为阳爻，二至上六五爻皆为阴爻，卦象是一阳来复。《复》卦至《夬》卦阳气依次增强，直到四月《乾》卦纯阳主导自然界。《姤》卦为一阴来复，月份为五月，此后阴气逐渐增强，直到十月《坤》卦纯阴主导自然界。根据孔颖达所引的《易纬稽览图》的说法，就季节来说，《复》卦为冬至之日，一阳来复，月份为十一月中；《姤》卦为夏至之日，一阴产生。《剥》卦阳气尽为九月末，十月为《坤》卦纯阴主导。照朱子的说法，纯阴不是没有阳，而是阳气极微；纯阳也不是没有阴，而是阴气极微。儒家哲学认为，一阳来复中阳气产生的地点是黄泉。

朱熹

周敦颐提出了一种新的宇宙万物产生的模式：太极—阴阳—五行—四时—人与万物。他说，无极就是太极，太极运动起来，产生阳气，运动到极点则归于静，产生阴气。静到极点后又回复为动。阴阳二气一动一静，交替不已，互为对方的根源。阴和阳分开后，产生天地。阳发起变化，而阴来配合它，这样就产生了金、木、水、火、土五行。五行之气有序地分布，产生四时的运行。五行来源于阴阳，阴阳来源于太极，太极本是无极。五行的产生，都有自己的规定性或同一性。无极的真髓、二气五行的精华奇妙地结合，产生了人。禀得乾刚成为男，禀得坤柔成为女，阴阳二气交感，化生万物。万物生生，变化无穷。阴阳来自太极，阳生阴，阴又生阳，阴阳互为对方的根源。关于他的太极，有两种见解。一种观点认为无极为无，太极为气，无极而太极类似于道家的无中生有；一种观点认为无极、太极都指理，太极运动而产生阳气是理生气。阴阳互为对方的根源的思想也与二者从起源上被认为是两个不同的事物的观点不同。关于气和万物的关系，张载提出万物都是由气构成的，万物消散以后，气又返回太虚，这叫作"形溃返源"，以后又形成新的事物。张载惯常用水和冰的比喻来说明这一问题。程颐则跟他不同，提出万物毁坏以后，构成它们的气也就衰敝了，消散了。天地不用既敝之气、已坏之形来构成新的事物，天地间不断有新气产生。这种观点十分新颖，现代科学的熵的理论与此有类似之处。

儒家自然哲学对于气的运动方式有很多说明。摩、荡、交、感、推移、运化是比较典型的几种。另外，《周易》的释卦体例有乘、承、比、应、得位、当位、不当位、一卦之内的刚柔的升与降等，也都是阴阳的运动方式或者说是静态地说明二者的关系。《易传》说"刚柔相摩,八卦相荡",刚为阳爻,柔为阴爻,相摩是阴阳的交合,阳进入阴、阴进入阳,二者混合在一起。《屯》卦《彖辞》有"刚柔始交而难生"的话,是说阴阳刚开始交合,万物处于初始生长时的艰难的状态。相荡是阴阳的推移,如十一月一阳复生,推去一阴,表现为《复》卦的一阳五阴的卦象;五月一阴生而推去一阳,表现为《姤》卦的五阳一阴的卦象。感是阴阳的相互感应。如《咸》卦,卦象是艮下兑上☱,取象为山上有泽,《兑》卦为少女,《艮》卦为少男,所以此卦有阴阳相感之义。《彖辞》说,此卦是柔上刚下,二气相互感应相互帮助。天地相互感应则万物产生,圣人感应人心则天下和平,由感可以知道天地万物的实际情况。

释卦体例的"乘"是一阴爻或阳爻在对方之上,如《屯》卦初九为阳爻,六二为阴爻,六二在初九之上为"乘"。它的《象传》解释说,六二之所以处以困难的境地,是因为阴在阳上,柔乘刚的缘故。这里,"乘刚"既是卦的体例,也是对阴阳运行状态的说明。在《周易》中,"阴阳"和"刚柔"的不同意义在于刚柔侧重于阴阳中所隐藏的社会意义,而阴阳则更侧重于自然现象。就自然运行而言,阴是可以而且必须在适当的时机乘阳的。比如,秋、冬就是阴气主导,没有秋冬就不成四时。不过,在儒家看来,阳永远处于主导地位。这是由于在自然界中,生长通常只能在阳气主宰时才能实现的缘故。

一卦之内有刚柔的升降,如《噬嗑》卦☲的《彖辞》中有"柔得中而上行"的说明,指此卦的六二爻以阴得下卦中位,又上行到卦的第五爻，也是中位。所谓当位，即阳爻处于初、三、五阳位，阴爻处于二、四、上阴位。"中"是儒家的价值观和基本原则，中也是和。中庸、时中、中正都是先验的原则。通常来说，无论是阴还是阳，只要得中，就常常能带来吉利的结果。所以，《易传》特别强调"刚中"，这也是释卦的一个体例，刚为阳，阳总应居于中。六十四卦中，九五一般都是尊位、吉利之位。

"和"也是中国文化的普遍原则，不限于儒家。《论语》有"礼之用，和为贵，先王之道斯为美"的说法。"和"也是老子哲学的重要概念。在老子看来，和乃是阴阳二气的中和状态；尤其是他还提出"知和曰明"，把"和"上升到了智慧的高度。《庄子》也强调，阴阳运行的理想状态是和谐或者调和，和是"天地之美""万物之理"。庄子特别强调与天和、与人和、与阴阳和，把前二者分别叫作"天乐""人乐"。庄子还用托古的方法描绘了上古时期阴阳和谐、四时有节、万物不伤、群生不夭的状态。《庄子》指出，阴阳不和会给人、物带来伤害。北宋哲学家张载在提出气的各种运动形式如往来、屈伸、动静、交感、聚散、攻取的同时，特别指出天地之气虽然聚散攻取，但其运行中的理是不妄的，又说太和就是道。"理"为和提供了一个本体基础。

2. 阴阳运行的失"和"与乖戾

儒家哲学对于阴阳运行的失衡与不和有很多认识。在儒家的自然哲学中，阴阳不和的一种状态是阴阳不交、天地不通，比如冬天就被认为是这样的。《礼记·月令》说，冬天时，天气上腾返回到天,地气下降回归于地,二者不再交通,由此成冬。《易传》强调"生生",生生需要阴阳相交,冬天阴阳不交,所以不主生,而主闭塞、收藏。客观地说,在温带地区,四季分明,不可能没有冬,否则自然周期就不完善。从这种意义上说,春夏秋冬四季具有同样的价值。不过,儒家哲学在价值观上更重视生生,这样春、夏就得到了较多的肯定,而秋、冬则遭到了较多的否定,或被赋予一定的负面价值。阴阳不交就是负面价值的表现。如前所述,这是因为儒家认识到"生生"乃是宇宙的规定性的缘故。

《周易》六十四卦都可以从阴阳的对立与推移来说明,其中有许多关于阴阳运动失和的描述。如《坤》卦六爻都是阴爻,上六的爻辞是"战龙于野,其血玄黄"。因为此卦无阳爻,上六自拟于阳,取象为龙,所以发生战斗,血流遍地。阴阳发生战斗,也就是阴阳运行的失衡。释卦体例中的不当位表现为阴爻居阳位或者阳爻居阴位,阴乘阳等,都是阴阳运行的失衡。《庄子》也提出了不少关于阴阳不和的说法,如"阴阳有沴""阴阳不和""阴阳错行"等,并对这种状态提出了批判。

四、乐（yuè）与"和"

本节谈儒家乐文化的生态意义。在现代人看来,音乐是一种人文活动,与自然并无直接的或太多的联系,与生态更是相距甚远。然而,儒家文化所说的"乐"是礼的一种,并不完全等同于现代意义的音乐。儒家文化认为,乐依赖于气的运行,乐的目的应该服从于而且致力于气的运行的"和"以及天地的"和"。这样，儒家的"乐"文化便天然地包含有生态的维度。

1. 声、音、乐——儒家关于乐的一般认识

儒家文化对于音乐有十分系统和深入的认识，它把声、音、乐区别开来看待。在儒家文化看来，"声"是人发出的声音，声音是表达感情的。心感于外物，情动于心，就会发出声音。心如果与死丧之事相感，就会发出悲戚的声音；如果与福庆之事相感，就会发出欢乐的声音。乐的音调可以分为宫、商、角、徵、羽五音，声仅是其中的某一种音调，单独一种音调不能叫作音或者乐。把不同的声按照一定的程序组合起来，叫作"音"。音有一定的变化，或高或低，或清或浊，或长或短，或断或续，而且这种变化具有一定的节奏或程式。可见，古代的"音"相当于现代意义的音乐。儒家的"乐"是礼的一种，是一项综合活动，是演奏音、同时按照音的节奏进行歌咏或舞蹈的活动。舞蹈时舞蹈者排列成一定的方阵，挥舞干戈、斧戚等兵器和羽、旄等装饰物。儒家文化认为，声是音的基础，音是乐的基础。普通的音乐可以叫作音而不可随意叫作"乐"。所以，古语常有"乱世之音""治世之音"，《论语》中有"郑卫之音"等，这些"音"都相当于现代意义的音乐。

儒家文化对于作为"礼"的乐，有许多规定，这是它对于乐的认识的深入之处。儒家文化认为，首先，作为礼的乐，代表着一种制度，不是谁都能制作的。只有在天下太平、政通人和的时候，

而且只有那些有文治武功、道德高尚的圣王或大臣，如文王、武王、周公，才有资格制礼作乐。孔子尚且说自己"述而不作"。其次，使用乐还必须和身份相应，不能越制，否则就是僭越。天子的歌舞方阵是"八佾"，即纵横各 8 人，共 64 人。《论语》中季氏也搞了一个八佾的歌舞方阵，孔子十分气愤，说"是可忍，孰不可忍"。"乐"还有一个意思——快乐，乐（音乐）也是乐（快乐）。"乐"是人心感于外物而生，表达了人的欢快的感情。孔子说，儒家的教化"兴起于诗，确立于礼，完成于乐"。他还说，从事一件事，知道它的不如喜欢它的，喜欢它的不如以它为乐的。的确，音乐感人至深。当一种教化用音乐的形式进行的时候，就是它最能深入人心的时候。荀子也曾指出，"移风易俗，莫善于乐"。

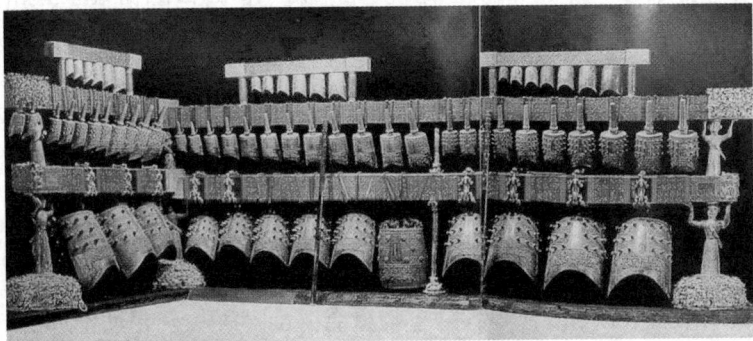

编钟

2. 乐的规定性及其生态意义

（1）"德音之谓乐" 乐是与王者的道德联系在一起的，普通的音不能叫作"乐"。这是孔子的门人子夏提出来的。据《礼记·乐记》记载，魏文侯曾经问子夏："我听古代的雅乐，唯恐睡着了；而听现在的流行乐，就不知疲倦，这是为什么？"子夏说："你要问的是乐，而你喜欢的却是音，二者并不是一回事。"魏文侯问："它们有什么不同？"子夏说："古代的时候，天地和顺，四时得当，民德淳厚，五谷丰登，没有天灾人祸，没有妖孽肆虐，然后，圣人制定君臣父子的纲纪，正六律，和五声，演奏和歌唱《诗经》中的《颂》，这叫作'德音'。德音才叫'乐'。德正声和为乐，音则常常心邪声乱；德为上，艺为下。"子夏的观点明确地表达了音和乐的不同。又据《礼记·乐记》上说，乐是德的对应和表征。乐也有重施的含义。礼重视来往，来而不往非礼也；相反，乐则只是彰显道德，观乐则快乐自然生于心，不需要回报，所以说，乐重施不重报。不仅乐为德音，在儒家看来，歌同样也是为了抒发心性，把自己的道德表达出来。做到了这一点，就会达到天地感应、阴阳和顺、四季和谐、星辰运行不悖其理、万物生长发育的结果。

（2）**"乐者，通伦理者也"** 这里的"伦"是类。照孔颖达所说，阴阳万物，可分为不同的类别，各有其理。"理"是分，即各类事物的职分、职责、作用与规定性等。如果乐得当，那么阴阳就会调和；否则各种事物就会混乱。所以，乐是通伦理的，其中包含关于阴阳与自然界事物的"和"的生态规定。

正如子夏向魏文侯表明的那样，既然乐是和道德、政治联系在一起的，那么，乐就表现了各类事物的不同道理。音由声生，体察声可以知道音；乐由音生，体察音可以知道乐；政由乐生，考察一个君主的乐，可以知道他的为政。由于声是人心感善恶而起的，所以君主知乐就能知道善恶的道理，行善而不行恶，习是而不习非，推行善政而化民。政善乐和，人事无邪僻，这样，国家治理也就达到了完善的地步。这是把乐与政治也联系起来了。儒家文化认为，仅仅知道声而不懂得音，是禽兽；仅仅知道音而不懂得乐，是普通百姓；唯有君子才能真正地懂得乐。在儒家文化中，乐是礼的最高形态，孔子说儒家的教化"兴于诗，立于礼，成于乐"，就是把乐作为儒家教化的最终完成看待的。在乐与礼的关系上，儒家认为，到了知乐的地步，就几乎完全达到知礼了。因为知乐就会知道为政的得失，就能校正君、臣、民、事、物，所以接近于知礼了。一个君主只有做到礼、乐各得其所，才能成为有德之君。

（3）"乐近仁" 在儒家文化中，乐的作用是不同事物的和合、调和，在和的状态中达到其乐融融；礼的作用是区别尊卑，确定不同事物的限度和规定性。孔子说"仁者爱人"，仁是一种爱的感情。《中庸》提出"义者，宜也"，这表明义是根据适宜性而进行的裁断，是一种职分的规定。乐近乎仁，礼近乎义。《礼记·乐记》又指出，"天地高下不同，万物散殊各异"，它们都是靠礼而得以区别的。天地万物流行不息，生化不已，它们都是靠乐而得以兴起的。春、夏主生长，是仁；秋、冬主敛藏，是义。所以，仁近于乐，义近于礼。总之，礼是为了别异，乐是为了合同。同则相亲，异则相敬。当然，乐如果过头了，就会产生流佚而失去中正的弊端；礼如果过头了，就会产生离析的后果。乐同于仁的认识表明，乐在儒家文化中具有促生长的生态作用。

（4）乐为"天地之命" 儒家文化不只把乐当作一项单纯的人文活动，还赋予它了一种本体基础。乐为"天地之命"，表明了乐的本体根源。《礼记·乐记》提出，乐为"天地之命，中和之纪，人情之所不能免也"。所谓"天地之命"，意味着乐的根源在天地，乐是感天地之气而产生的，表现了天地对于人的教导和命令。郑玄认为，乐是效法阳而产生的，礼是效法阴而产生的，也是这个意思。所谓中和之纪，意味着乐是调和律、吕，使它们达到中和的纲领。所谓人情所不能免，是因为人是天地阴阳之气相感而生的，乐既然是天地之命的表现，符合中和的纲领，当然就是人所不能没有的。人感于乐的声音，自然会产生敬畏或快乐的感情。

（5）乐的"节"与"和" 儒家认为，人的天性是安静的，受到外物的扰动，产生认识，就会形成欲望，会有喜欢，有厌恶。如果自身不能反躬自省，对于欲望不加以节制，再加上外物的引诱，欲望就会灭绝天理，这就是人被外物所诱导而没有感化外物。所以，先王制礼作乐，并不是为了让人们极尽耳目口腹之欲的享受，而是为了教导百姓调节自己的好恶情感，使它们回归到正确的道路上来。礼的作用是节制民心，乐的作用是调和民声。

3. "象天""敦和"——乐的生态维度

（1）乐以"象天""应天" 根据儒家的看法，乐器是比照或拟象天地而制作的。荀子说，鼓像天，钟似地，磬如水，竽笙箫和管钥类星辰日月，鼗柷、拊鞷、椌楬若万物。舞蹈的进退屈伸等动作，如同谆谆告人。《礼记·乐记》也说，人的歌声清明像天，钟鼓铿锵有力像地，乐曲终而复始像四时，舞蹈动作的周旋往来像风雨。五色成文而不乱，八风合律而不散，昼夜得其刻度的常数而有规律。所以，乐教通行于天下，则能促使人们耳目聪明，血气和平，移风易俗，天下太平。

如前所述，乐通过气与自然发生联系。礼法阴，乐法阳。阴阳是气的两种状态或性质，又分别指地和天。《礼记·乐记》上说，"乐由天作，礼以地制"，又说，"礼乐负天地之情"，即礼乐是依照天地运行的实际情况来制作的。这仍是礼法地、乐法天的意思。阴阳二气的运行是阴气由地上升，阳气由天下降，二气交合，化生万物。乐不仅法阳气，而且还有和同、促生的作用，即调和气性，化育万物，所以它又是天地之气相交合的和气的象征；进而言之，乐能促进天地之和。乐和，天地遂和。所以，圣人制礼作乐还有"配地""应天"的意图，即主动地回应、响应天地之动，事奉天地，使天地万物各得其利。

《礼记·乐记》又指出，礼乐出于人的制作，人心能够与神明和会，通达神明的德性，了解它们的意图，因此行礼、奏乐能够招致上下四方的神明，从而成就万物。《礼记·乐记》又说，礼乐能够上至于天，下委于地，天地之间无所不到；能够行于阴阳，通于鬼神。因为礼效法阴阳的动静有常，乐效法阴阳的相互摩荡，所以礼乐能够行乎阴阳。阴阳和，四时顺，天地遵从和回应礼乐，这就是礼乐行乎阴阳之中。按照儒家的观点，天地都有一定的规定性，制礼逾越了规定就会生乱，作乐逾越了规定就会生暴，所以必须明白天地的道理，然后才能够制礼作乐。

（2）"敦和"：乐的目的的生态性意义　儒家认为，礼、乐与天地万物相类似，能够与神明的德性相通，迎送天地四方的神灵，促成各种事物的生成。这就是音乐促进天地万物之和的作用。

①"乐者，天地之和"　在儒家文化中，和是实然，也是应然，是事实，也是价值。《礼记·乐记》提出："乐者，天地之和也。礼者，天地之序也"，又说，"大乐与天地同和，大礼与天地同节"。这说明在儒家文化看来，乐表现了天地的和谐，礼表现了天地的秩序。照郑玄所说，"同和""同节"都指顺应天地的气和数。天地的和谐是这样的：阴阳二气本以生养为目的，二者运行和谐，各种生物都能按照自己的本性生存，不失其性。这其实也是《中庸》所说的"各尽其性"。大乐也是顺从天地之气的。乐有六律、六吕，可以调和天地的生养之气，这就是顺天地之气。所谓天地的数，照孔颖达的解释，是天上的日月星辰、地上的山川高下的不同。乐之和，表现了天地之和。

②"乐者敦和"　在儒家文化中，乐不仅静态地表现天地之和，而且还动态地促进天地之和的实现，这就是"乐以敦和"的思想。荀子指出乐具有"审一以定和"的作用，是天下之"大齐"。《礼记·乐记》也说乐重视和，促进和谐，效法先圣先贤，顺应天道。乐之所以能够"敦和"，是通过调和阴阳，使二者顺畅地流行而做到的。《礼记·乐记》上又说，乐就像天那样使万物出生，礼则像地那样使万物成长。天是运行不息的，地是静止不动的。礼与乐分而言之一静一动，合而言之又各有动静。礼与乐一静一动，是天地万物的规定性。天地间万物有的是感天地的阳气而生，从而为能够运动的动物，如飞禽走兽之类；有的是感天地的阴气而生，从而为静止不动的植物、大地。由于乐具有敦和的作用，所以《礼记·乐记》认为，大人物举行

乐的活动，天地也会因而昭明。乐感发天地之气，天气下降，地气上腾，二气融合，相得益彰。天以气煦覆万物，地以形呕育万物。这样，草木茂盛，蜷曲着出生的动物得到成长，有羽毛翅膀的飞鸟能够奋飞，各类走兽能够生养，蛰虫都能苏醒；鸟类能够孵卵，兽类能够生产，卵生的卵不破裂，胎生的胎不内坏，各种事物都能按照它们的本性得到发展，这就是乐的功用，也是乐的道。孔颖达认为，乐的根本在于人心，人心调和则乐遂纯善，律吕协调，二气和谐，万物各得其所。

儒家认为乐的差失会对天地万物造成不良影响。因为乐有确定万物的道理的作用，乐一旦出现了差失，就会阴阳不和，天地不能在应当的时间生养万物。所以，儒家文化特别强调乐是天地的教命，它的和是不可改变的。《礼记·乐记》说，如果土地贫瘠，草木就难以生长；如果水体烦扰，鱼鳖就难以生长；如果阴阳之气衰薄，生物就难以生长；如果世道混乱，礼就会被埋没，乐就会放淫。所以，那些悲哀而不庄重、欢快而不安宁、慢易而违反规定、流湎而遗忘根本的音乐，那些柔缓而藏纳奸声、狭促而产生私欲、扰动条畅之气而灭平和之德的音乐，都是君子要极力排斥的。

4．乐与政治对应中的生态意义

儒家文化把礼乐作为政治的工具，它的理想是用乐来调和怨愤，用礼来缓解纷争，从而达到揖让而天下治，"暴民不作、诸侯宾服，兵革不试，五刑不用，百姓无患，天子不怒"的效果，认为这样就可以说充分实现了乐的作用。

为了发挥乐的教化与生态作用，儒家文化把宫、商、角、徵、羽五音分别与君、臣、民、事、物进行对应。这属于前述五行化思维的一种。宫属于土，土居中央，总揽四方，所以是君的形象。商音浊，次于宫，所以是臣。声浊者尊，清者卑。角为民，其声清浊适中。徵为事，属火，声清，是事之象。羽为物，属水，声最清，是物之象。在这五种对应中，物指自然界万物，包括动物植物等。把自然界万物列入政治的范围，这就使得政治具有了生态维度。儒家强调五者不能乱，敝败则不和。比如，与生态关联最为密切的羽音乱了，就会产生材用匮乏的危险。因为羽代表自然界万物，羽乱是由于昏君在上，赋税繁重，物散于下，百姓匮乏。儒家也把德音与固定的乐器相关联，认为鼗、鼓、椌、楬、埙、篪这六种乐器的声音为"德音"。在儒家的礼乐文化中，祭祀先王宗庙的乐是以这六种乐器为主，配合以钟、磬、竽、瑟之音以及干、戚、旄、狄的舞蹈。

5. 关于上古帝王之乐的生态性解释

据记载，上古时期帝王都有自己的乐。黄帝有《咸池》，颛顼有《六茎》，帝喾有《五英》，尧有《大章》，舜有《箫韶》，禹有《大夏》。这些乐无论其是否真的存在，也无论其主题原来是什么，后代儒家一律给予了生态性的解释。关于黄帝的《咸池》，《白虎通义》中以及郑玄、孔颖达都认为，"池"是"施"，"咸池"即黄帝之德广施天下，无不周遍，使得天之所生、地之所载，都蒙受黄帝道德的恩惠。这里的天下之物包括动物、植物，这表明了《咸池》所表现的黄帝的道德关怀不仅限于人。照《白虎通义》解释，茎表示万物，颛顼的《六茎》是和律吕以调阴阳，这也是协助自然正常运行。帝喾的《五英》是调和五声以养万物，尧的《大章》是大明天地人之道，舜的《箫韶》是继尧之道，禹的《大夏》是顺二圣之道而行之。

对于天子、诸侯乐队的人数规制，儒家也给予了生态性说明。天子八佾，诸公六佾，诸侯四佾；佾为列，八佾即8行8列，共64人，诸侯32人。在儒家文化中，三者的差别既表明了尊卑之义，也是天地阴阳的模仿。乐为阳，以阴数行。三者分别模仿八风、六律、四时。八风、六律是天之气，是帮助万物生成的。这些舞蹈数列和乐一样，也是顺应天地之气，教化百姓，最终使他们能够实现自己的性命。

6. 十二律吕的生态意义

中国古代乐器分为六律、六吕，律为阳，吕为阴。阳六律为黄钟、太蔟、姑洗、蕤宾、夷则、无射；阴六吕为大吕、夹钟、中吕、林钟、南吕、应钟。律和吕都是与气密切相关的。照《汉书·律历志》的解释，律的作用是"统气类物"，即统理阴阳二气，分类把握万事万物。《释名》说"律"为述，是用来"述阳气"的。按照儒家的观念，阳肇始万物，阴终成万物。吕为阴，吕的作用是助阳宣气。律是根据天地之气的运行而确定的。按照《汉书·律历志》记载的定律方法，黄帝派泠纶到大夏之西、昆仑之阴的解谷取来空窍厚而均的竹子，从两节之间断开然后吹它，定下黄钟的宫的音调。然后制作了 12 个管，听凤的鸣叫，雌雄的鸣叫各 6 种，与黄钟的律相匹配，使这 12 种音调都能从黄钟之宫演变过来，律最初就是这么来源的。这当然是个传说。但是，在确定了黄钟之后，按照一定的规律能够确定其他音调的说法是正确的。这种确定方法，照《管子》记载是"三分损益法"。明代朱载堉在世界上首次发明了用十二平均律确定音阶的方法，彻底解决了十二律吕的定音问题。

儒家认为，律吕是模仿天地之气的运行而确定的。在太平盛世，天地相合而生风，天地之风正，十二律才能确定下来，所以，黄钟大吕十二律吕与月份和阴阳之气的运行是对应的。照《礼记·月令》的记载，十一月律对应"黄钟"。黄是中和之色，钟为动。十一月阳气开始起动于黄泉之下而养万物。十二月律为"大吕"，吕为拒。阳气欲出，阴气不许而拒难之。正月律为"太蔟"，太为大，蔟为凑，万物开始长大而凑出地面。二月为"夹钟"，夹为孚甲，植物戴孚甲而从土壤中生出。三月为"姑洗"，姑为故，洗为鲜。万物皆去旧出新，无不鲜明。四月为"仲吕"，为阳气将要至极，难以复中。五月为"蕤宾"，蕤为下，宾为敬。阳气上极，阴气始出而宾敬之。六月为"林钟"，林为众，万物成熟，种类众多。七月为"夷则"，夷为伤，则为法。万物始被刑罚而伤。八月为"南吕"，南为任，阳气尚余，任生荠麦也。九月为"无射"，射为终，"言万物随阳而终，当复随阴而起，无有终已也"。十月为"应钟"，应为感应，钟为动，万物感应于阳气而动于地下。

因为十二律归根结底是根据天地之气的运行的平衡而定下

的，所以，司马迁在《史记·律书》中说，六律是万事万物的根本，王者制定的各种法则，都是根据六律的。一切制度、规则的根本，规矩、权衡、准绳，都是依据十二律来确定的；又由于律与天地之气是相通的，所以通过吹律可以知道天地运行的规律和世道的吉凶。人君暴虐，天就会从北方产生寒气，这是杀气。据说周武王曾经吹律，推断从孟春到季冬，都有杀气，遂发动了伐纣的军事行动。

中国古代有音乐教育。据《周礼》记载，大司乐掌教音乐于成均，教授公族子弟。在古人进行献祭的活动中，乐是重要的部分。古人祭祀的对象有天神、地祇、四望、山川、先妣、先祖。每一种祭祀对象都有专门的乐舞，如祭地祇是奏大簇，歌应钟，舞《咸池》；祭四望是"奏姑洗，歌南吕，舞《大濩》"；祭山川是"奏蕤宾，歌函钟（即林钟），舞《大夏》"等。据《周礼》记载，乐舞要连续演奏六章礼仪方才结束。第一章奏毕，鸟类以及川泽的神祇会降临；第二章奏毕，昆虫以及山林神祇会降临；第三章奏毕，鳞类动物和丘陵的神祇会降临；第四章奏毕，毛类动物及坟衍的神祇会降临；第五章奏毕，甲壳类动物及土地之神祇会降临；第六章奏毕，灵异动物及天神祇会降临。所以，《礼记》上说，"大人举行礼乐活动，天地都会因此而昭明、和谐，阴阳相得，万物抚育，草木茂盛，动物繁殖"。

五、"天地之大德曰生"——气的运行"生"

究竟该如何认识外部世界，是一个永恒的问题。古希腊有阿卡狄亚式的自然观。近代以后，西方基督教观念和科学技术相结合，形成了机械论自然观。鉴于机械论自然观带来的严重生态问题，现当代学术界提出了不少替代机械论自然观的理论。较早的是有机论自然观，之后有盖然性理论。盖然性理论认为自然界的变化不是线性必然的，而是不确定的。在盖然性理论之后是混沌论。它用数学把秩序与混沌当作自然界表现自身的两个明显形式。最新的理论是错综论。它把生态系统看作是一个时常更新、永远变动着的可变模型。这一理论把科学带回到了古老的认识，特别是长期被忽视的观点：世界是矛盾现象在运动过程中的融合和统一。这实际上回复到了易学的自然观：世界是一个在阴阳两种矛盾力量的平衡和失衡交替而终归平衡的动态循环中的运动、发展和进化的过程，具有生生不息的合目的性。本节主要阐述《易传》所说的世界的"生生不息"特性。

1. "天地之大德曰生"：作为宇宙的合目的性的"生生"过程

（1）"生生之谓易"：自然界的内在规定性　气是儒家自然哲学的基础性范畴，通、和是气的存在和运动状态，这种状态的结果是自然界出现了生命，并且生命世世代代生生不息地延续、发展和进化着。这也就是《易传》所说的"天地之大德曰生"，"生生之谓易"。

儒家文化是重视、尊重和维护生命的文化，它对世界的认识是把它看成一个生命体。在儒家文化中，自然界就是生命，生命就是自然界，二者是一体的。《易传》认为，易是模拟天地而创作的，乾的健效法的是天，坤的顺效法的是地，所以《周易》能够囊括天地之道，《周易》就是书面上的世界。用冯友兰先生的话说，易是宇宙的代数学。《周易》所说的就是宇宙已经发生、正在发生和将会发生的过程。在《周易》中，整个自然界被看作是一个生生不息的过程。对于这个过程，它有许多不同说法。最为著名的是从太极说起。在汉唐人的易学思想中，太极是天地未分、万物未生之前的元气，也叫"太初"或者"太一"。整个宇宙过程是太极元气生出两仪——天地或阴阳，两仪生出四象，四象生出八卦的过程。四象是金、木、水、火四种物质。这四种物质与五行相比，缺土一行。按照孔颖达的说法，土主导四个季节，四象又是大地上比较显著的四种物质，所以不再把土单独区别出来。四象生出八卦——《震》木、《离》火、《兑》金、《坎》水，这四卦分别主导春、夏、秋、冬四个季节；《巽》卦与《震》木相同，《乾》卦与《兑》金相同，再加上作为土的《坤》《艮》即为八卦。八卦决定了天地间万事万物的吉凶。《易传》认为，人应当效法自然。天地是自然中最大的物象，人应该在物象方面效法天地；四季在自然中最有变通性，人应该在变通方面效法四季；日月是自然中最为光明的事物，普照万物而无私，人应该在光明方面效法日月。上述太极、两仪、四象、八卦的说法也是一种占筮的方法，这符合朱伯昆先生的说法——易的语言具有天地运行和占筮两重性。

关于自然界的生生过程，《周易》还有一个著名的说明。《系辞》说，天高地下，天阳地阴，这就是乾和坤。天阳动，地阴静，各有一定的常度，动而有常为刚，静而有常为柔，事物都按照自己的类别聚集，这样就产生了吉和凶。天上的日月星辰都有自己的形象，地上的丘陵山川都有自己的形状，变化就从其中表现出来。所以，阴爻和阳爻相互摩擦，八卦相互震荡，雷电鼓动，风雨滋润，日月运行，寒暑交替，这样就产生了万物以及人类。这里关于万物产生的说法与自然科学的认识相比当然还十分粗略，但其基本精神是正确的。《颐》卦的《象辞》说"天地养育万物"，《坤·文言》也说"天地变化，草木蕃茂"，讲的都是天地生养万物、草木茂盛的景象。这里的"天地"包括现在所说的天和地，是自然的总名。《易传》说"天地之大德曰生"，"生"的含义很丰富，包括生出、生养、生长以及变化、更新、恒常、进化等内容。生出是使各类生物诞生，生养是养育各类生物，生长是使生物成长，变化是生长中的更新，使事物呈现出崭新的面貌，这符合进化的思想。恒常也是易的内在含义。《周易》认为，事物在变化之中有其稳定性和规律性，并非单纯的随机性。比如，四季运行、周而复始，虽然某一季节也可能出现反常现象，但长远地看，春生、夏长、秋收、冬藏的运行是稳定的。这是易的三义之一的"不易"。生长、恒常、进化等本质上属于生命的各种表现，所以，天地的德性就是生命性，也就是现代错综论所说的最终又融合为一的统一性。"天地之大德曰生"重在说明自然界的生命的共时性表现，"生生之谓易"则进一步说明了自然界生命的代际更替、发展、演化的过程性,是生命的连续性。万物恒生是发展;代际更替是改易、变易。恰如谷子开花结果又长成新的谷子,这就是"日新"。每日都有新的气象。《易传》说"日新是天地的伟大的德性","生生不息的过程就是'易'"。在《周易》中,生命性、生命的一代又一代的延续,构成了宇宙演化过程的合目的性本质。"合目的"是康德在《判断力批判》中提出的一个概念,我们认为它具有本体论意义,反映了世界运行的可期待的结果,是事实,也是价值。

《易传·序卦》把六十四卦的顺序说成是自然界万物生成的顺序。它说,乾、坤也是天地,有天地然后万物生出,万事万物充满于天地之间。乾、坤之后是《屯》卦,是万物初生而充盈于天地之间的状态。万物初生,一定是稚弱的,不能不滋养它们,所以《屯》卦后是《需》卦,"需"是饮食之道。六十四卦最后几卦是《小过》《既济》《未济》。《序卦》说,事物有过则能完成,所以《小过》卦后是《既济》卦。但事物不能总是处于一种完成状态,所以接下来是《未济》卦。《未济》是六十四卦最后一卦,这表明,天地生生的过程永远要进行下去,没有完成的时候,这就是生生不息、生生之谓易的含义所在。

(2) **继善成性** 《易传·系辞》说"一阴一阳之谓道,继之者善也,成之者性也"。依照朱子的解释,阴阳是气,它们所以然的根据是理。一阴一阳不是道,二气交替运行,循环不已的依据才是道或理。理和气是结合在一起的,没有气,理就失去了存在的处所;没有理,气就失去了运行的规则。继善成性是就阴阳的运行和万物的形成而言的。"继善"是一阴一阳的接续流行，是阴阳运行表现出来的理；"成性"是阴阳之理形成到事物，是事物表现出来的理。或者说，继之者善是天理流行之初，乾元开始形成万物而还没有形成的时候，成之者性是气的流行结合成一物，事物在乾道运行的过程中得到自己的规定性的阶段。继是绵绵不息的接续，成则是凝聚于人与物。朱子说，一阴一阳的道是太极，继之者善是生生不息，成之者性是人和事物获得自己的规定性。

（3）**元、亨、利、贞** 元、亨、利、贞是说明《乾》卦吉凶的卦辞，其原义是大享、利占，即举行了一场大规模的祭祀，得到有利的占卜。《易》本是卜筮之书，《易传》把它变成了修德之书。按照《乾·文言》的解释，元是最高的善，亨是美好事物的聚集，利是义的和谐，贞是事物的完成。后代又对此进一步做了生态性的解释。据孔颖达《周易正义》引庄氏的解释，元是天的德性，天生养万物，是莫大的善；亨是天通畅万物，使美好的事物会聚到一起；利是天给予各种事物以利益，使它们各得其宜而相互和谐；贞是天以中正之气，成就万物，使万物完成自己的生命。从季节上看，"元"是万物的开始，属于春；"亨"是万物的通畅，属于夏；"利"为义的和谐，属于秋，秋天万物长成，各得其宜；冬主收藏，"贞"是事物的最终完成，属于冬。土则分主四季，四气之行，非土不载。元亨利贞的这种生态性解释得到了后人的继承。程颐认为，元是万物的开始，亨是其生长的顺遂，利是结出果实，贞是最后的完成。朱子以谷为例说："谷之生，萌芽是元，苗是亨，穗是利，成实是贞。

谷之实又复能生，循环无穷。"

（4）"复"其见天地"生物"之心　《复》卦《象辞》有"复，其见天地之心乎"一句。复是回复，返回到出发点。《复》的卦象是䷗，一阳爻在五阴爻之下。此卦内卦是震，为雷、为动，外卦是坤，为地、为静。卦象是一阳震动于地下，是一阳复生的卦象。儒家哲学认为，四季的循环是一阴一阳相互推移运动的结果。冬季阴气主导，但在阴气达到顶点的时候，阳气已经开始复生了。《复》正是阳气复生的卦象。阳是主生的，所以儒家文化以至于整个中国传统文化都认为，天地之心是生养万物。朱子说，天地之所以运行不息，只是生物而已。等到植物成熟了，它的果实里面就寓存着天地的生生之理，所以种子能够再生。朱子关于天地生物之心的认识，有三点特别值得注意。其一是天地生物之心，没有片刻歇息，阳气的运行，也没有灭绝的时候；即使是秋冬天气肃杀草木摇落的时候，此心也是存在着的，此气也是运行着的。他指出，《复》卦的一阳复生，在时间上是冬至，但这并不是说，此前配《坤》卦的十月就只有阴气而没有阳气，《复》卦的一阳不是突然生出的。一个月三十日，把《复》卦的一阳分为三十份，那么，十月份从小雪以后阳气便每天生出一分，到十一月半，一阳便生成了。由此可见天地的运行没有止息处；至于天地之理，更是一刻也没有停止过流行。所以，朱子赞成程颐的动为天地之心的说法，不赞成王弼的静为天地之心的说法。其二是天地之心只有在复的时候能见得亲切。因为万物未生时，只有一个天地之心昭然在那里，所以容易看得见。春夏万物繁茂的时候，反而不易体会它的存在。其三是《复》只是可见天地之心的一卦，并不是说天地之心只在此卦上。朱子说，圣人说复见天地之心，是因为冬尽的时候，万物都已完成了自己的本性，又将要复生，是动的端倪，静中的动，所以此处可见天地之心。其实寻常表露于万物的，都是天地之心，六十四卦都是天地之心。朱子的话表明了天地生物的普遍性。

（5）"万物之生意最可观"　宋明时期儒家还用"生意"表达天地的生物之心和自然界的盎然生机。程颢说，万物的生意最可观，这就是《周易》所说的元是最高的善的意思，也就是仁。《二程遗书》中还有一条说，元是最高的善，万物皆有春意，这便是继承了天地的生物之心，是继之者善。宋代哲学家都有"观天地生物气象"，或观察天地之生意的喜好。周敦颐"绿满窗前草不除"，是通过郁郁葱葱的青草来观天地的生意，程颢喜观察鸡雏，张载爱听驴鸣，他们所体察的都是天地的生物之意。程颢有一首著名的诗，其中有两句说"万物静观皆自得，四时佳兴与人同"。他观察到的，显然是天地的生意。二程还用谷种做比喻来帮助理解天地的生意。他们认为，天地的生意就寓于谷粒之中。朱子继承了这些观点，强调元亨利贞的元是天地生物的开端，是"生意"，亨是生意之长，利是生意之遂，贞是生意之成。二程、朱子都把生意内化为人心之仁。

2. "生生"的内在机制：对"乾元"与"坤元"的说明

（1）阴、阳在生生过程中的不同作用　《周易》所描述的宇宙过程是生生，生生是由阴阳二气的运动完成的。不过，二者的作用并不相同。此不同可以表述为五个方面。其一，阳主阴助。这是说，在宇宙的变化过程中，阳处于主导地位，阴处于辅助地位。其二，阳生阴成。阳使万物出生，阴使万物最终形成。不过，这只是说阴阳在天地生生的过程中的作用不同，而不是说阴阳是两个截然分开的阶段：一个是生，一个是成；生时只有阳，成时只有阴。照《周易》的观点，根本地说，阴和阳必须相遇、相交才能产生万物。这意味着即使在万物出生的一刹那，也是阴阳具备的，而不是独阳；同理，万物死亡的时候也不是独阴。因为一阴一阳之谓道，没有独阴或独阳的时候，自然界总是处于阴阳并存且相交之中，所以阳生阴成和天地交而万物生二者之间并不矛盾。其三，阳生阴杀。这是说，阳主导万物的生命过程，阴则使这一过程终止，使万物死亡。其四，阴阳循环，递相为主。这是就某一个周期而言的。比如四季的运行、一个植物的生命的完成等。春夏为阳气主导，秋冬为阴气主导。阴阳各有主导某个过程的阶段，各自的主宰阶段不得取消，不得缩短，更不得相反，否则世界就会陷入紊乱。其五，阳尊阴卑。《周易》的观点，在世界运动的实际过程当中，阴和阳并不是两个对等的力量。不存在一个阶段，阴和阳处于二五一十的平均状态。就四季的运行来看，阴阳的运行从来没对等的阶段。严格地说，只有春分、秋分的子亥之交的那一刻，二者才对等，其余的时间都是不对等的。唯其如此才有分明的四季、多彩的自然。如果强求阴阳总是对等，那么世界就停滞了，就没有生命了，《周易》也就不"周"也不"易"了。可见，"和"不是对等，而是在时间上各得其所，在份额上各得其宜，是一种比例配置和时间分布的和谐，这是就事实上说。就性质来说，阴和阳也不是对等的。如果说宇宙是一个生生不息的过程，那么，主导生的阳当然应该在整个宇宙中处于主导地位。这意味着在具体的阴阳对立之上，还有一种超然的阳的主导作用。当然，在这个层次上也还得有阴，否则就不是一阴一阳之谓道了。可是，在实际的层次，阴可以居于主导地位，而在这个超然的层次上永远是阳主导。因为只有这样，世界才能生生不息地开展下去。如果我们承认世界时刻处于生命的发生、发展和进化的过程中，而不是相反，那么，把阳作为价值，也不是不无道理的。就这层意义而言，作为价值意义的阳，总是处于尊的地位，阴则总是处于卑的地位。这就是阳尊阴卑的深层含义所在。可以说，阳尊阴卑首先是一种自然观，然后才可以说是一种伦理观。

　　（2）"生生"的肇始与完成：乾元与坤元　《周易》是以《乾》《坤》二卦开始的，二卦的基本含义是阳、阴二气，从取象上又可分别为天、地，君、臣，夫、妇等。按照《说卦》对于八卦的解释，《乾》《坤》为父母卦，《震》《巽》为长男、长女卦，《坎》《离》为中男、中女卦，《艮》《兑》为少男、少女卦。从阴阳上说，《乾》《坤》为纯阳、纯阴卦，其他卦都是阴阳二气相交的产物。这就是说，在八卦中，《乾》《坤》具有基础性地位。同样，在六十四卦中，《乾》《坤》也具有基础性地位，一如阴阳在天地万物间的基础性地位。对于《乾》《坤》的基础性地位，《易传》有不同的说法。其一说《乾》《坤》是"易"的门径，这个"易"既是《周易》，也是自然界的变化过程。《易传》认为，天地的变化是从乾、坤开始的，阴阳相合而产生万物。万物或刚或柔，各有其体，由此体现天地的节数，表明天地变化的道理。《易传》又说,《乾》《坤》是易的深奥的府库。《乾》《坤》并列,易的过程也就确立于其中了;如果《乾》《坤》毁坏了,那就看不到易的过程了。这是说卦象,也是说自然。从自然来说,没有阴阳二气,也就没有万事万物的形成与变易。从卦象上说,天地阴阳的变化,都是由《乾》《坤》二卦变易过来的,如果没有了这两个卦,也就没有了阴阳对于自然的描述,也就没有易了。天地万物没有变易,那么作为阴阳的《乾》《坤》也就灭息了。

元乃是根本性,乾元和坤元都是赞叹乾和坤生成万物的根本性作用。关于《乾》《坤》在天地万物中的作用,《易传》提出《乾》主导万物的始生,《坤》主导万物的生成。这样说是因为在它看来《乾》是阳气,主导万物的始生;《坤》是阴气,主导万物的形成。又,《乾》是天,天生万物;《坤》是地,万物在地上形成。《乾》的特点是"易知",阳气自然流行,万物随之而生。《坤》的特点是"简能",顺从阳气,简省凝静,无所营为。天地运行的道理就是易简,任物自生。《易传》还提出了"大哉乾元,万物资始"和"至哉坤元,万物资生"的说法,进一步说明了乾始坤成的道理。《易传》说,乾元的伟大在于肇始万物,坤元的伟大在于使万物获得生命。乾元属于天,天是可见的有形的事物,健是它的德性。天属阳气,阳气浩大,万物都取资于阳气而得到生命,天行云施雨,万物得以顺遂地生长。《乾》的德性能够彰明天地万物之道,驾驭阳气,统御天体,使万物不失其时。在乾道变化的过程中,万物各自得到它们的性命应有的规定性,也就是说得到它们的同一性,相互和谐。据孔颖达所说,万物初禀气为始,成形为生。万物取资于地,获得生命。《坤》的德性在于以阴柔和顺，广远厚重，顺承于天，承载万物；坤内敛、宏大，各类事物皆得亨通，所以，坤德也是无疆的。朱子进一步把天地和乾坤做了气与理的区分，指出天地是有形的形而下的事物，《乾》《坤》的刚健和柔顺是天地的性情，乾道、坤道乃是其中的道理。

关于乾坤运动的样态，《易传》提出了《乾》的运动是静而专、动而直，《坤》的运动是静而翕、动而辟的说法。所谓静专动直，是说阳气的性质具有普遍性，无所偏颇，所以它在静止的时候专一，在运动的时候使四季寒暑，无所差失，也因此，它能够"大生"，即壮大万物的生命。阴的性质是柔，主闭藏收敛。它静止的时候是翕，即关闭、收敛；运动起来时是辟，即开辟，所以它能够"广生"，即拓展万物的生命。

（3）**阴阳的相感与生生**　生生的条件是阴阳二气的相互感通。关于此，《周易》有很多说法，如感、遇、通、暌、氤氲等。"感"出现于《咸》卦《象辞》。《咸》的卦象是《艮》下《兑》上☲，艮为山、为阳，兑为泽、为阴。这个卦的卦象的意义是柔上、刚下，阴阳二气的运行是阳升、阴降，所以此卦为阴阳二气已经相感。《咸》卦《象辞》说，天地相互感通，万物得以化生；圣人感通天下人心，世界由此得到和平。通过观察感通，可以看到天地万物的真实情况。其所以能够如此，照孔颖达所说，那是因为天地万物都是以气相感的缘故。《姤》卦的卦象为《巽》下《乾》上☰，《象辞》说"天地相遇，品物咸章也"，就是说，阴阳二气相交，万物得以生长。《归妹》的卦象为《兑》下《震》上☳，是雷出于泽，又，《震》为长男，《兑》为少女，此卦又是男女结合之象。所以它的《象辞》说归妹是天地之大义。如果天地不交，则万物不生；归妹是阴阳既合，长少已交，表达了天地交合，万物蕃兴的道理。《系辞》还有"天地氤氲，万物化醇，男女构精，万物化生"的说法，也值得加以说明。氤氲是阴阳二气相互附着。天地氤氲是说，天地无心，阴阳二气交往附着，共相合会，万物感气之变化而精醇，生生化化不息。

关于阴阳的运动，朱子提出了定位、局定、流行、变易、博易等概念加以说明。定位、局定、对待等是说阴阳各有其固定的位置，是在时空上间断、分离的对立，如天地、上下四方、春夏秋冬以及《易传》所说的"分阴分阳，两仪立焉"等。但是，这种"对立"在朱子那里不是隔绝不通，相反，二者在对立中又沟通、互变、"交易"、"博易"。朱子称此为"对待"。交易是阴与阳的相互交通，阴来交阳，阳来交阴，"天地定位，山泽通气"，便是交易。对待格局中存在"互相博易"。朱子说，在《先天图》中，东边的阴和西边的阳对应。东边本来都是阳，西边本来都是阴。东边的阴是从西边的阳变来，西边的阳是从东边的阴变来。阴阳两仪生四象，这就是博易的过程。

流行是连续过程中的阴阳互变，又叫变易。阴阳一动一静，互为其根，这就是流行。在筮法中又有老阳变为少阴，老阴变为少阳，这是占筮的体例，也是昼夜寒暑、屈伸往来之象。朱子称此为"错综"。朱子认为，程颐所说的易只涉及对待的流转，没有说到阴阳的错综交互。谈易，必须兼谈这两个方面。对待的是体，流行的是用。阴阳就其流行而言，只是一气；就其相互对待而言，则是二气。

3．死亡——生生过程的内在否定性

在儒家哲学以至于整个中国哲学中，"生生"不仅是事实，也是一种价值。但是，在自然界中，死亡同样也是一个显著的事实。那么，儒家的生态观是不是一种未能正视死亡的肤浅的乐观主义呢？显然不是这样的。儒家的生态观包含死亡。儒家对于死亡问题的理解，仍归本于气的流行。一阴一阳之谓道，阳是生，阴是死，没有死，便没有一阴一阳之道。由此言之，死亡不仅是儒家生态观的一个内容，而且是一个具有必然性的组成部分。可以说，生生是把自然的生命和死亡都包含在内的价值观，死亡是生生的一个否定性规定。儒家的生态观对于死亡的认识，表现为以下几个方面。

（1）**生命包含死亡**　《易传》说："原始反终，故知生死之说。精气为物，游魂为变，是故知鬼神之情状。"这是用气的流行来解释生死问题。张载说过，鬼神是阴阳二气固有的功能，神为气之伸，鬼为气之归。朱子也以气的聚散来说明鬼神，指出气聚而为物是神，散而为变是鬼。精属阴，气属阳。人身属于阳气，但其中的体魄属于阴。死后属于阴间，成为气又属于阳。死是魂魄之气分散，魂气上升，魄气下降。这样，单只人身就包含了鬼神的道理，"生便带着个死底道理"。所谓生死，不过是气的始和终。气的凝聚是一事物的开始，消散是一事物的终结。气聚为生、散为死，这种生死观来自《庄子·知北游》。汉代的王充、北宋的张载都继承了这种生死观。张载说，有形的气聚而为物，事物的形体溃散后又返回到原来的气，这就是游魂的变化。变

不过是聚散存亡而已。在自然界中，人、物都是如此。就人而言，
生不离身而一死则散的是魂，聚而成质的是魄。不存在所谓久
生不死。因为太虚就是气，气不能不聚而为万物，万物又不能
不消散为气，并回归到太虚中。气与事物就是这样运动的，具
有必然性。

（2）**死亡是生生过程的一个必然组成部分**　如前所述，
生生可以分为两个层次，作为价值观的生生不息的层次和具体
的生死相连与互转的层次。后者有如春夏秋冬四季的运行，是
一个不会止息、没有间断的过程。

春夏秋冬、元亨利贞是连续着的，贞下起元没有间断处。
就像朱子所说那样，冬、夏是阴阳运行的极处，春、秋则包含着
过渡；子时是今日，亥时则是昨日，中间没有空缺。关于阴阳的
过渡，如前所述，朱子提出了十一月中或冬至为一阳复生的说明。
朱子认为，四季的运行具有必然性。春夏生物，起初并不是要
秋冬成之，同样，秋冬成物，也不是有个意图要成就春夏之所生。
这都是理的必然所致。所以，秋冬是春夏的一个具有内在必然
性的阶段或方面，杀是生的一个具有必然性的阶段。春夏秋冬、
日月寒暑都是相互感应的。日不往则月不来，寒不往则暑不来。
春气固然好，但只有春夏而无秋冬，万物就无法生成，反过来说，
都是秋冬而无春夏，万物就不能发生。所以，屈伸往来之理，一
定相互更迭为用才能产生利益。春秋冬夏，互为感应。春夏感，
则秋冬必应，秋冬感，则春夏必应。进一步言之，"春为夏之感，
夏则应春而又为秋之感，秋为冬之感，冬则应秋而又为春之感"。
这样自然的运行才能周而复始，不穷不息。

（3）**死亡是生生的完成** 关于死对于生、秋冬对于春夏的必然意义，还可从两方面来理解。其一是死完成生，其二是死孕育生。比如，一粒谷种，变为谷苗，长成谷穗，最后又变为谷子。变为谷苗是谷种的死，但其实也是它的生。在此可以说谷种是以死的形式获得生的，死就是生。同样，谷苗变为新的谷子也可以这样理解。谷子是谷苗的死，也是它的生。最后的谷子同样也是起初谷种的死而复生。这里存在着生死同一的辩证法。这个辩证法同样适用于贞下起元的过程。春夏是生，秋冬是死。成熟和收敛是四季运行中不可或缺的一个阶段，肃杀也是完成、帮助生；阴杀阳实际上是配合阳完成它自身，没有肃杀就没有四季周而复始的循环。所以，朱子说元是万物的开始，贞是万物的完成。在说到为什么复见天地之心的时候，朱子也指出，冬尽时，"物已成性"，较容易见到天地生物之心。"物已成性"就是万物都完成了自己的生命的完整性。他又说，万物春生、夏长，秋便有个收敛的意思，到冬方status。由此言之，肃杀不仅在时间上、经验上与生长连续，也帮助了作为价值的生生的形成。生是以死的方式展开自己的，运行着的死就是生。这是肃杀的积极意义。这样看来，死亡只是生生过程的一个阶段，是生命的内在的否定性规定，如果谷种没有通过"死亡"而变身为谷苗，那么，生生的过程也就中断了，整个自然界也就死亡了。

肃杀的积极意义之二是辅助生的孕育。朱子说，天地只是以生物为心。如一棵树，春天开花，夏天生长，秋天结果，到冬天长成。虽然说树木结果了，但如果不经过冬天，便长不成。他指出，这是因为果实需要在冬天积蓄足够的生气。果实无论大小，都蕴藏着生意，每个果实都有生意，这样来年才能生长，才能生生不息。人们常常认为冬天树木都没有生意了，其实它的生意是在底下收敛凝聚着的。

（4）**死生的本质同一性与相互转化**　在气的层次上看，生与死是气的凝聚和消散。这意味着二者本质上是同一的，用庄子的话说是"死生为徒"。照庄子的说法，死生也是可以相互转化的。就是说，构成人、物的气在消散以后还可以作为材料再去构成其他事物，这是气的循环。儒家继承了生死本质上是气的聚散的观点。张载多次强调气聚而为物，散而为太虚的观点。朱子也持这种观点。在解释"原始反终，故知生死之说"时，他说人的生死，不过是阴阳二气的屈伸往来；又说，始终死生是从气的循环的角度说的，精气鬼神是从气的聚散的角度说的，"其实不过阴阳两端而已"。关于物质的构成结构，现代科学已经认识到分子、原子、粒子、夸克，这些都是中国传统哲学所不及的。但是，中国哲学的生命观以气的贯通和循环为基础，其基本原理并不过时。一体观奠定了人与宇宙万物为一体的哲学基础。

在死生问题上，儒家有三点与道家不同。首先，程颐反对一气可以循环地构成万物，认为构成一物的气在那一物消散之后，就衰敝了，不能再构成其他事物了。天地生生，不断有新气产生出来。其次，在气的运行与贯通的背后，朱子强调理。他的观点是死亡的过程是气，而生死存亡的理是不会消亡的。他说，天地阴阳之气，人与万物都可以得之，气聚为人，气散为鬼。气虽然散了，但天地阴阳之理仍然生生不穷，没有什么消散。如祭祀能够感动祖先，就是因为"理常在这里"的缘故。

他的观点的核心是一理贯通，而不是一气贯通。他说："天地、阴阳、生死、昼夜、鬼神是一个道理。"最后，儒家的阴阳价值观与道家不同。在庄子那里万物是平等的，在价值上是一致的，无分贵贱。儒家反对这一点，它从生生的宇宙过程出发，在价值上重生轻死、重阳气轻阴气。朱子就明确地说，阴阳有淑慝之分，阳淑而阴慝，阳好而阴不好。圣人参赞化育，扶阳而抑阴。

六、天道与时序

道有过程的含义。所谓"天道"，是天地万物运行的总体过程。前几节论述的内容，其实都是儒家天道观的一部分，如"一阴一阳之谓道"和"通"是对天道的运行机制的说明，"和"是对阴阳二气的运行状态的描述，"生生"是对这一过程的总体性质的描述，体现了儒家文化的最高价值。本节着重从总体性和时间性两个方面进一步说明儒家的天道观。

1．天道及其种种性质

（1）**万物的演化与道体的流行**　关于天地万物的演化过程，如前所述，《周易》提出了太极生两仪，两仪生四象，四象生八卦的过程。周敦颐在《太极图说》中提出了无极而太极的生化过程。董仲舒曾经对于天道的变化过程做了一个类似于横截面分析的简洁说明。他说，天地之间的气合而为一，分开说是阴阳，进一步剖判为四时，并列为五行。要之，儒家所说的天地变化过程基本上是一气、二气（阴阳）、五行、万物这样一个过程。程朱提出"道体"的概念来说明天道的总体过程。《论语》记载"子在川上曰，'逝者如斯夫'"。程子认为，孔子这是感叹道体的流行不已。他说，日往则月来，寒去则暑至，水流不息，物生不穷，天运不已，昼夜交替，这些都与道成为一个整体。这就是天道生生不息，流行不已。朱子赞同程子的看法，认为天地大化流行，往者过，来者续，没有一刻停息下来，这是"道体的本然"。程子、朱子所说，可谓至当之论。

（2）"变易""不易"与"简易"　《周易》是描述天道的儒家典籍。"易"既指《周易》那本书，也指天地万物的变化过程。《周易》中的语言具有两重意义，一是描述天地万物的变化，一是说明筮法。"易"所描述的天地万物的运行过程就是天道。"易"一名而三义：变易、不易和简易，这三个含义同时也是天道的规定性。"变易"是宇宙过程的基本内容，宇宙无时无刻不处于变化之中，由此形成天地万物和四时。变易是永恒不变的，这就是"不易"；同时，变易也包含稳定的、恒常的现象。比如，春夏秋冬四季之间的交替是变易，但四季都有其稳定性，不会错乱，不会出现春季之后就是冬季，这就是四季变化的稳定性，也是《周易》的不易。《周易》认为天地万物的运行过程是简易，简易是天下万物的道理。所谓"简易"，是指阴阳二气和合而生成天地万物，这是一个自然的过程，不需要神灵，也不必圣人来干预。万物都在气的运行过程中获得自己的规定性或同一性。

（3）**刚健、恒久与无私** 《乾·文言》说"天行健，君子以自强不息"；《坤·文言》说"地势坤，君子以厚德载物"。天行、地势都是对天道的说明。健是刚健，天道具有刚健不已、运行不息的特性；万物以及人类都以天道的刚健不息为必要条件而得以生存。天道的这种特性得到了人们的赞颂。据《礼记》记载，鲁哀公问孔子，君子为什么以天道为贵。孔子回答说，君子特别重视天道的运行不息，像日月那样相从不已；重视天道的不闭塞，使万物得以成长；也重视天道的春生夏长、无为而万物自成的特点。《恒》卦指出，天地之道，恒久不已。这说明了天道的永恒性。"恒"也有稳定的含义，永久而稳定是天道的特征。《恒》卦接着说，在恒久的天道之下，日月得以永远地照耀大地，四季得以永远地交替变化，圣人借助于恒久的天道而化成天下，所以，恒而久是天地万物的实际情况。天道自然无为，因而也有无私的特点。也就是说，天道对于万物没有任何偏向，一视同仁。《礼记》中说，天地有三种无私的特点，即天不私覆，地不私载，日月不私照。这表明，天道没有属于自己私有的事物，这是天道的公共而普遍的性质。《易传》更为自然化地说，天道发动、引起和化育万物，却不像圣人那般操心。这正表明了天道自然运行的特点。《中庸》说"诚是天道"。据孔颖达的解释，诚是信，就是说，天道诚信地把自己的特点通过四季表达出来。四季的运行表达了天道的稳定性和恒常性。

（4）**消息盈虚与周而复始** 天道恒久不已，但也有自己的节奏，而不是单调地重复。这种节奏《周易》称为"消息盈虚"和"复"，即周而复始。息是阳气的生长，消是阳气的消退。消息盈虚是一阴一阳运行的此消彼长；复则专指阳气从阴气处于极端旺盛的状态下开始恢复，是天道运行的转折点。儒家自然哲学的关键是一阴一阳交替主宰自然，物极必反；在一种气的主宰达到顶点的时候，就会返回到另一种气的主宰中。春夏秋冬，循环往复。二气之间的交替过程就是消息盈虚，与"复"不同，"周而复始"还包括从阳的主宰转化到阴的主宰。如前所述，儒家用十二辟卦表示一年之中阴阳变换的过程。从《姤》卦到《坤》卦，阴气渐强，阳气消失。《复》卦说，天地运行，七日来复。一种解释是说阳气灭绝不过七天，就开始复生。这是天地自然之理。不过，前文已经讲到过，朱子说阴阳之气并不是无中生有，而是一直存在着。《复》卦的一阳复始，不是突然产生，而是在《坤》卦时就已经开始孕育了。孔颖达在解释《贲》卦所说的观察天文而察识天道时说，阴阳刚柔是相互交错的。四月份是纯阳主事，但其中也有阴，所以靡草会在这一月死去。十月份是纯阴主事，但其中也有阳，所以荠麦会在这个月份生出。《复》卦只是阳气开始回复，并不是万物皆复。《剥》卦说消息盈虚是天道运行的规律。《丰》卦《彖辞》也说太阳到了中天以后就会西斜，月圆以后就开始月缺，天地盈虚交替，阴阳消息变换，这就是天道。

（5）"神妙不测"　关于天道的运行机制，在儒家文化中比"一阴一阳之谓道"更为深入的认识是"神""妙""神妙不测"等概念。天道的运行表现为四季更替、万物生生不息，进一步讲表现为阴阳的推移；再进一步言之，表现为阴阳相互推移、相互作用的方式、机制或者模式的"神妙性"，即没有形体、没有方所而神妙不测的作用。《易传》说，阴阳相互推移的不可测度性叫作"神"。在儒家自然哲学中，神首先是一种自然性。这就是说，自然的运行是阴阳自身运转的结果，没有任何外在的主宰或神灵。《观》卦的《彖辞》称天地的运行为"天之神道，四时运行而无差错"。"神道"的意思是天道的运行没有主宰，人知其然不知其所以然，见其功而不见其形。孔子说"天何言哉，四时行焉，百物生焉。天何言哉"，说的正是天道运行的这一特点。其次，神的作用没有方所，不落形体。方所、形体都是有形而可见的，神则是阴阳二气的相互作用。"无方"一是说看不见它的处所与作用，二是说神时刻处于变化之中，不常在任何一个地方。"无体"一是说易的变化是自然而然的，不知其所由；一是说易随着变化而变化，不固定于任何一种形体。最后，神表示阴阳变化的极端性和微妙性，不可测度，难以把握。《易传》说"阴阳不测之谓神"，所谓"不测"，指的就是不能进行有形的度量，所以，《易传》又说神比万物奇妙。因为万物都是有形体的，它的变化也是有象可寻的，神却是在形体之外，不可以形诘，不可以象寻的。张载说神是清通的，不可用象来把握它；神的运动是顺畅的，没有什么可以阻碍它。周敦颐曾指出，天地之气妙合而凝，形成人、物。在张载看来，气的本性是虚而神的，神是阴阳之气固有的相互感应、相互作用的性能。具体地说，任何事物由于都是阴阳二气的统一，所以产生了神的作用；又因为任何一物都可以分为阴阳两方面，所以其变化是神妙莫测的。在张载看来，神不仅是变化的状态、性质的描述，还是自然界变化的动力。天下事物的变动都是神发动的结果，这叫"神化"。神化是天固有的性能，只有神能够发动天地万物的变化，统理天下的变动。神在张载的解释中，还不免有形而下的气的色彩。朱子用理来代替神的作用，严格区别形而上和形而下、理和气，这在认识上又深入了一步。王夫之吸收了两人的思想，主张神是"神妙地发动万物的道"。

2．时与时序

儒家文化的"时"与现在的"时间"概念不同。现代所说的时间通常是指以牛顿时空观为基础的、线性地匀速流逝的抽象时间；儒家的时间的主要含义则不是抽象的时间，而是天道运行所表现出来的节奏、节律、顺序以及由这种节律所决定的自然的变化和人应该采取的行为。儒家的时间可以称为"时序"，是一种有质的规定性的具体的、循环的时间。时在儒家文化中的意义十分广泛，可以表示时间的划分，如年、季节、月份、天、每天的十二时辰等，还可以表示与一定的时间结合在一起的情景、场合、机会、机遇等。作为机会、机遇和情景的时在《周易》中俯拾即是，如"大过之时""险之时""豫之时"等。在这层意义上，《周易》六十四卦三百八十四爻，每一卦、每一爻都是一个"时"。这个时不是单纯的时间，也不是单纯的天道，还包括人道，具有综合的特点。时的生态意义在于它对于天道的节律的划分以及对于在每个节律阶段人应采取的活动做出了符合生态的规定。

（1）"时"即天道　在儒家的自然哲学中，天道是以四季的循环为原型而变化发展的运动过程；天道表现为时，或者说天道通过四季的更替来表现自身。《节》卦《彖辞》说，天地运行分为不同的时节，由此形成四个季节。《泰》卦《象传》说，泰是天地相交，在这个时候，君王应该确立天地之道。这里的天地之道，便是四时的更替，包括其中的春暖、夏热、秋凉、冬冷等应有的节律，君王应该帮助万物使它们顺利地生长，达到它们理应达到的最好状态。如果四时失去了它应有的节律，自然以及政治就会出现混乱。众所周知，中国很早就进入了农业文明，准确地确定四季以及各个节气对于农业具有重要的意义，所以在《尚书》中，尧帝命令羲、和按照日月星辰的运动，确定四时的气节、月的大小、日的甲乙，制定和颁布历法。这是对天道的较早的把握。

（2）"时序"及时间的量与质的意义　时序即天地日月运行的秩序，亦即天道的规律性的表现。如前所述，儒家自然哲学主张自然的运行有一定的秩序，这种秩序叫作天道之诚，进一步说是时序。时序又可以分为量和质两个方面。量是对连续运转的时间的抽象分割，质则是对于时序的特点或规定性的说明。就量的分割来说，据《尚书》记载，尧时已经把 1 年分为 12 月，大月 30 天，小月 29 天，则 1 年少约 12 天，3 年置 1 闰月，基本还是 1 年 365 天。现存较早的历法是夏历，《大戴礼记》中的《夏小正》可能是其原形。据《论语》记载，孔子曾经到夏朝后代的封地杞国，得到了"夏时"，这可能就是夏代的历法。夏历是太阴历，较为适合农业耕作，现在仍可使用。后来人们又进一步确定了二十四节气。天干地支是中国古代的纪年、纪月、纪日的方法，是对于时间运行的顺序的记载，可作为抽象时间，但它在中国历史上还是或者说更多地是有质的规定性的时间。在儒家文化中，四时的变化是恒久而不间断的，不过，连续之中也有突变。如《革》卦的卦象是下火上泽，《象传》说泽中有火，君子以治历明时。《象辞》说，天地变革而形成四时。革指的是每个季节之间的交替与变换。

质的时间有多层含义。第一层含义是天地的运行不会出现差失。《观》卦的《象辞》称天地的运行"四时无差失"。《豫》卦的《象辞》说，天地按照顺序运动，日月的运行没有差失，四季的运行没有差错。天道运行而没有差失的这种特点在《中庸》里被称为天道之"诚"。《荀子》说，"天行有常，不为尧存，不为桀亡"，也是对于天地运行的稳定性的说明。前述伯阳父论地震的时候也曾说"天地之气，不失其序"，从气的运行的角度较为深入地说明天道运行的稳定性。时序的第二个质的规定是把时序规定为一个太和与生生的过程，前文已论及此。第二层含义是把天干地支、五行、方位与季节、时间相配，如天干与五行配合，甲乙为木，丙丁为火，戊己为土，庚辛为金，壬癸为水。由于金、木、水、火、土相互之间具有相生相克的性质，这样，按照天干记载的时间便自动获得了与之相应的五行的性质。在这种计时方法之下，任何时间都是有规定性的。这种计时方法与五行相应，规定了人们应该做的活动和许多禁忌，这些禁忌中包含有利于生态的措施。

（3）"时"作为生态行为规范体系　由于时在儒家自然哲学中包含有质的规定性，所以它不只是计时方法，更为重要的，它也是行为规范体系，预示和规定了人们应当采取的行为。这种规范体系具有较为系统的生态意义。《易传》说，大人的德性合于天地，光明同乎日月，行为遵从四时的顺序。这就是说，他们是按照时间的质的规定性进行活动的。在儒家文化看来，春生夏长秋收冬藏，春、夏属阳，阳主生长，所以春夏应行赏赐；秋冬属阴，阴主肃杀，所以行刑应该在秋冬。因为大人的德性合乎天地，所以他能够先于天时行动，而天并不违背他；后于天时行动，仍能够符合天时。《坤》卦六爻皆阴，取象为地，取义为柔顺。它的《象辞》主张顺应天时而采取行动。《无妄》的卦象是震下乾上，天下雷行，万物皆惊肃而无敢妄行。与此对应，先王的行为是以盛德对应时令，养育万物。就整个《周易》来讲，易道的广大等同于天地，易理的变通等同于四时，所以它也是一套行为规范体系。《周易》强调"与时偕行""不失时"。前述《月令》的五行化，每一个月份都有关于政治活动的规定；较此更早的《夏小正》，也简略地记载了每月的天象、物候和政事，同样可视为一种以时作为行为规范的体系，只是不及《月令》系统。《管子》中有"因于时"的观念，如春采生，秋采蓏，夏处阴，冬处阳，这些都是因于时。因时的观念在中国文化中具有普遍性。"时"是自然的一种存在形式，是天道的重要方面或者说就是天道本身，所以，"与时偕行""因时"是适应自然，与之交往、打交道的一种方式，是切入运行着的自然的方式。自然在这里不是一个"在手边"的东西，而是"上手"的东西。人和自然在相互交往中各自形成自身。《中庸》记载孔子"上律天时，下袭水土"，就是遵循时节，因地制宜，按照自然之道进行活动。《左传》还记载了"助时"的说法，即春天土气发的时候，在社里举行祭祀，帮助土地顺畅地生长万物。

3．儒家天道观的生态性特点：有机性、规律性、错综性

（1）**自然的有机性** 儒家的天道观是有机的，它首先具有整体性的特点。在儒家文化中，大地、山川、动物、植物，包括人，都是一个整体。这个整体不是杂多的堆积，而是以"气"的运行为媒介联结为一体的。在儒家的自然哲学中，所有的存在统一于气，任何物体之间都是通气的。《周易》中说"山泽通气"。朱子解释道，泽气升到山上即为云、为雨，这是山通泽气；山泉流入泽中，这也是泽通山气。湖泽，尤其是山脉这些在我们看起来惰性的自然现象，在儒家哲学中都是活生生的。我们在前文已经说过，《礼记》的"天降时雨，山川出云"表明，山川既是气的凝聚，同时作为自然的一个环节，也是导气的工具。《礼记》说过山川是天地通气的"孔窍"，《国语》说"川，气之导也"，就是把河流作为导气的一个环节。整体和部分之间的关系可以有三种类型，一是杂多的堆积，不相关联。毁坏或去掉其中的一部分，对于整体没有任何影响。二是机械的相关，部分合起来可以达到或完成一种功能，如果去掉了其中的某个部分，它会丧失部分或全部功能，但可以简单地修复。三是有机的相关，整体自身具有自为的生命，部分和整体之间构成生命相关性，去掉任何一个部分都会对整体的生命的圆满性产生妨碍。比照这三种关系来看，儒家的自然观显然不属于第一种关系，儒家

认为天地万物都是通过一气而相互关联的。儒家的自然观也不属于第二种关系。因为在儒家的观念中，对自然的任何部分的毁坏都不是可以轻易修补的，如前述太子晋说到的"川竭国亡"，汉代贡禹认为开山采铜会破坏阴气的凝聚。显然，在他们看来，这些对于自然的破坏，都不是轻易能够校正或恢复的。可见，儒家心目中的自然的关系，应当属于有机联系。在这种联系中，对于部分的破坏会影响到整体生命的圆满性和流畅性，一句话，会影响自然的健康生命。如果自然的各个部分都不通气，那么自然的循环就终止了，自然也就死亡了。如果一个局部地区的通气被阻断或干扰了，那么这个地区的气候、物候都会出现问题，需要进行较大范围和较长时间的自我调整和适应。这个调整时间如果超过了自然的自我调整周期，那就意味着这个局部地区从生态学上说死亡了。自然过程是生生，即生命的诞生和完成；自然本身也是一个有生命的整体。不相干关系和机械关系属于外在关系，有机联系则属于内在关系。如果因为对自然的破坏在当时可能还看不到影响，就认为这种破坏对自然没有影响，并认为二者不存在内在关系，是不对的。影响之所以还没有表现出来，只是因为时间还不够长。在较为长期的时间跨度内，对于自然的任何破坏都会产生内在性关系的后果。

（2）**自然的规律性** 儒家所认识的自然无疑是有规律的。四时无差错、天道之诚表述的都类似于规律性。不过，儒家所认识的规律是一种生态性规律，与近代意义的机械规律相比有两点不同。

首先，儒家所说的规律是一种稳定性，会出现例外，而不是一种绝对的必然性。换言之，天行有常，四时不忒是常态，但也可能出现非常态，比如，某一个季节会特别长或某种自然现象会过分地出现，像尧有九年之涝，汤有九年之旱之类。由于中国的地理位置的因素，历史上水旱蝗虫灾害比其他民族和地区都更为频繁。但是，儒家文化并不因此就否定自然的稳定性。所以，儒家所认识的自然的规律性近似于而不等于现代科学所说的规律，允许一定程度的紊乱，而且紊乱是一定会存在的。

其次，更为重要的是，近代科学规律具有超出人的控制的必然性，儒家所认识的规律或稳定性则会因为人为的干预而发生错乱甚至毁灭。儒家认为，不仅自然会影响人，人也可以严重地甚至根本地影响自然。这种认识和例子广泛地表现于《尚书》《月令》《吕氏春秋》《春秋繁露》以及后世史籍《五行传》等中。"水曰润下"是箕子对于五行的说明，是一条自然规律。但是，据《汉书》记载，伏生在他的《尚书大传》还提到了水不润下的情况。他说，简慢宗庙，不祷百神，废除祭祀，悖逆天时，水就不润下了；又说，如果不敬鬼神，政令失时，水就会丧失它的本性，不再润下，反而伤害人民。《春秋繁露》中还提出了人的行为直接影响自然的许多例子，如王者的杀戮会导致天地产生多余的阴气等。这些观点现代科学可能认为是荒谬的，但是，如果把人作为自然的一个参数，那么自然规律也就转变为生态规律，生态及其规律都会因为人的不当活动而遭到破坏，这无疑是一个正确而又深刻的认识。

"天人合一"——重究天人之际，再探群己权界

前一章讲述气、通、和、道、生，没有涉及人，自然在没有人的情况下可以达到其自身的动态平衡和生生不息。可是，自然的进化产生了人，人又产生了高度的智慧，可以反过来控制甚至毁坏自然。于是，人和自然的关系便形成了二律背反。如果说人是自然的产物，那是不是意味着人所做的一切都是自然的，消灭自然也是自然的？但是，自然的进化就是自我毁灭吗？如果从心智上说人是超出自然的，不只是自然的一部分，那是否意味着人所做的一切都是不自然的，保护自然也是不自然的？但是，自然会拒绝对自己的保护吗？这是人类存在的二律背反。解决这个二律背反，不仅需要我们分别重新理解人和自然，而且尤其需要我们重新理解二者的关系，重究天人之际，再探群己权界。群是人之外的整个自然界。

一、天人合一：重究天人之际

中华民族对待自然的基本态度是了解自然，遵循自然的规律，与自然和谐共生，可以概括为"因"—"无为"—"天人合一"。这是中华民族的根源性智慧，来源于与水交往的实践。

1. "因"的思维方式

"因"的本质含义是顺应、适应自然或客体的特点进行活动，而不是征服、破坏甚至消灭自然。"因"是一种思维方式，也是一种智慧，是中华民族与水以及整个自然交往、对话的方式，也是中华民族的存在方式。大禹治水的根本方法就是"因"。具体地说，就是充分发挥水流就下的性质，利用地势的便利，高处加高，低处挖低，高处居住，低处行洪，使人、水各得其所，疏浚河道，使洪水快速流向大海。《吕氏春秋》说禹治水是"因水之力也"。如前所述，据《尚书》《史记》的记载，武王克殷后曾咨询殷朝遗臣箕子治理国家、统治百姓的大经大法。箕子耐人寻味地把火、水、木、金、土五行作为治国的第一要义，并总结出"水曰润下"的道理，这里面就包含着鲧、禹治水的经验教训。

在中国文化中，"因"是一种不分学派的普遍智慧。《管子》说"道贵因"，《慎子》说"天道贵因"。作为普遍智慧，"因"有各种各样的含义。照前人的解释，"因"是如实地反映事物，不增加什么，也不减少什么；不出于先入之见，而以万物为法则。在《论语》《左传》《管子》《庄子》中，有"因民"的思想。孔子在《论语》中提出了"惠而不费"的美政理想，内涵是"因民之所利而利之"，即按照有利于老百姓的做法去施政。《庄子》也说"虽然卑下却仍然不可不因顺的，是百姓"。"因民"作为一种民本主义的思想，具有超越历史的意义。在《左传》中，有"因地之性"的提法，即要求顺应和利用五行的性质，使人们养生送死、婚丧嫁娶以及君臣父子夫妇的关系、好恶喜怒哀乐的感情等都能符合一定的规范，从而与天地之性相协调。《管子》《中庸》中有"因天地之材"的观念。天材是物产，地利是地形的便利条件。《管子·乘马》篇在论述建立国都的原则时提出"因天材，就地利，城郭不一定非合乎规矩不可，道路也不一定非直得合乎准绳不可"。与此相似，《中庸》有"因材"，《孟子》有"因陵""因川"，《管子》有"因水之性"，《礼记》有"为高必因丘陵，为下必因川泽"，《文子》有"因高为山""因下为渊"等说法，这些都属于因的智慧。

更为抽象的说法是"因时"。"时"是时节、时间、机会等，因时就是等待时令的变化、机会的到来，在机会到来时不失时机地抓住它。如前所述，因时是切入运行着的自然，与自然相交往、打交道的一种方式。

2. "因"与"无为"

"因"在逻辑上蕴含着"无为"，它的内涵的合理展开是"无为"。这一点，《管子》《吕氏春秋》都认识到了。《管子》说："无为之道，因也。"和因一样，无为也是中国文化的一个普遍观念。老子《道德经》的无为思想最为丰富，它的主要内涵是让事物按照自己的本性、秩序、过程展开，不加人为的干涉。老子认为，一旦有人为的干涉，就会影响事物自身的秩序，反而会导致失败。

儒家也十分重视无为的思想。《诗经》多次出现无为的概念。《论语》也出现了无为，和老子的无为内涵一致。孔子在评价舜的政治时说，舜是端拱垂坐，"无为而治"的。这表明，孔子和老子一样，也是赞成无为的政治原则的。对于此处的无为，何晏解释为"任官得其人，故得无为而治"。朱子强调"圣人德盛而民化，不待其有所作为也"，显然也是从儒家思想出发来解释无为，但这仍显示出和老子的"我无为而民自化"具有内在的逻辑联系。在《论语》中，孔子还说："巍巍乎，舜禹之有天下也，而不与焉。"这里的"与"，为参与、介入、干涉；"不与"是选贤任能，恭己无为。《论语》中孔子说："予欲无言！"子贡说："如果您不立言教，那我们复述什么呢？"孔子说："天何言哉！四时行焉，百物生焉。天何言哉？"《老子》也强调"不言之教"，《老子》的"不言"和孔子的"无言"的内涵有相同之处。孔子的话表明，他同样是把无为作为最高价值的；"天何言哉"的自然主义色彩与老子同。孟子、荀子都明确地把水和无为联系起来。孟子说"禹之行水也，行其所无事也"。无事，正是无为的内涵之一。荀子借孔子之口说"水广泛地帮助各种生命，却没有什么作为，这是它的德性"。

《淮南子》对于无为的说明更为细致。在它看来，无为不是不作为，而是不采取违背事物性质的措施，这叫顺物之性。无治也不是不治理，而是不改变自然的本性。这只是意味着"为"有一定的条件，以现实性为基础，而不是随意妄为，不是加入个人的主观意志。所以，《淮南子》又指出："用己而背自然，故谓之有为。"这是明确以是否违背自然作为"有为"与否的分界线。《淮南子》的区分可谓把握了有为和无为的本质区别。

总之，无为之所以是一种普遍原则，是因为它来自治水的经验教训。作为治水经验的积淀，因、无为无论是在逻辑上还是在实践中都是统一的。

3．天人合一及其生态维度

司马迁作《史记》，说要"究天人之际，通古今之变"。他所说的，实际上也是中国哲学的目标。中国文化究天人之际的结果是得出了"天人合一"的普遍原则，各家各派都承认这个原则。它的生态内涵是服从自然，按照自然的规律办事，与自然和谐相处，协同发展。从思维方式上说，"因"展开为"无为"，"无为"展开为"天人合一"；天人合一也是"因天"。天人合一和治水、因、无为形成一种根源性的连续，是治水智慧的升华。

天人合一在中国文化中有事实与本体、价值与功夫两种基本含义。事实上含义是说人和天地万物一样，都是由气构成的。这在庄子那里被称为"通天下一气"，或者说是"一气贯通"。这是天人合一的物理意义，任何人都不能逃脱这一点。庄子特别提出，从气上说，人和万物之间能够互相转换。十分有趣的是，当代美国著名生态哲学家利奥波德在他的《沙乡年鉴》中提出了"x"循环的思想，跟庄子的万物嬗形的思想如出一辙。利奥波德说，有一个"x"，被锁闭在一块岩石中，经过很长时间后，岩石风化成土壤，土壤中长出橡树，橡树开花结果。一只鹿吃了橡果，"x"成为鹿的一部分。这只鹿被一个印第安人猎到，"x"又变成了印第安人的骨骼。这位印第安人死后，"x"又回到了土壤中，等待着下一个循环。利奥波德这一章被认为是生态哲学的经典。他的说法十分类似庄子的气的循环的思想。无独有偶，中国当代哲学家金岳霖在他的《论道》中也提出了一个"x"的循环的思想。金岳霖、利奥波德所说的"x"和中国哲学的"气"是一致的。气的循环决定了人的存在的自然性一面——人和自然服从同样的规律。价值意义是说人应该做到天人合一，主动地合于天。在这一点上儒家和道家有所区别。道家尤其是庄子，对于自然的认识是万物都是平等的，相互之间没有价值的区别，所以他主张纯任自然，让事物都按照自己的未加任何修饰和改造的本性去发展。儒家认为，阴阳二气的运行有中和、偏颇的不同，人所禀受的是中和之气，这是天所命给人的本性，《中庸》称此为"天命之谓性"。天的本来意义是生生不息，是善，这些本性赋予人，成为人的本性。所以，对于人来说，天人合一就是要做到与天合一。要做到这一点，需要有各种各样的修养功夫，这是儒家的功夫论思想。儒家在讲到天人合一的时候，都有价值论和功夫论的意义。

天人合一的原则在《易经》中已经有所表现。《易经》有六十四卦，每卦都是"兼三才而两之"，三才即天、地、人。每一卦六爻的初、二爻代表地，三、四爻代表人，五、六爻代表天。这样，在《易经》中人便被整合进了天地人的结构中。天地的运行对于人的行为有先验的规定和限制意义，人必须按照天地运行的原则或方式行事。这就是天人合一，也可以叫作"因天"。以《乾》卦为例，它的爻辞初九"潜龙勿用"、九二"见龙在田"，说的都是自然的事。九三"君子终日乾乾、夕惕若，厉，无咎"，便开始陈述人事。九五"飞龙在天"、上九"亢龙有悔"，是龙已上天，说的仍是自然的事情。《周易》的结构意味着生态原则在儒家文化中是从人的存在以至于自然的存在的本根上发出来的，具有本体的意义。孔子也是主张法天的，他的话是"则天"。在《论语·泰伯》中，孔子赞颂尧能够效法天而实行德治。他说，多么伟大呀，尧这个君主！巍巍上天，"唯尧则之"。"则天"就是法天。邢昺说，尧这个君主，聪明文思，道德巍巍高尚。有形的事物，以天为大，万物肇始于天，运行于四时。尧能够效法天道而推行教化。刘宝楠从普遍原则的高度说，人禀受天地的中气而生，人性根源于天，所以应该"法天"；违背天是不能形成德治的。《中庸》称颂孔子"上律天时，下袭水土"。"律天时"是遵循天道，"袭水土"是因循地利。这表明，在《中庸》看来，孔子本人也是则天的。《易传》说"知崇礼卑。崇效天，卑法地"，是说人的智慧效法于天，人所制定的礼仪效法于地。可见，在儒家文化中，人应当遵循天地的原则行动，人的主动性即表现为服从自然，而不是打破自然。

思孟学派更加重视人通过功夫与天合一，所以它的天人合一更多地具有功夫论的意义。《中庸》据说是子思的作品，所设想的读者是普遍的个人，不限于统治者。这是冯友兰先生（1895—1990）所指出的儒家对于人的发现。发现个人，是儒家文化的积极意义。《中庸》开篇说"天命之谓性，率性之谓道，修道之谓教"，把天和人贯穿在了一起。什么是"天道"？什么是"人道"？《中庸》和孟子都认为，诚是天道，做到诚是人道。什么是诚？《中庸》提出是"择善固执"，可见诚就是善。这和《易传》所说的继善成性是一致的。东汉赵岐指出，天授人以善性，人思行善以奉天，这正是思孟学派天人合一的意思。不过，《中庸》的天道的内涵还不止于善这一条，还很丰富。首先是不息，即天道的运行是积极的、永无止息的；不息便悠久，悠久便博厚，博厚便高明。高明是天，能够覆生万物；博厚是地，能够载育万物。所以，天地之道是诚于一而不二的，它具有同一性。人看不到它的样子，它却是彰明昭著的，看不见它的动静，它却产生了变化，看不到它做什么，它却生成了万事万物。天地生物是神妙莫测的。这样的天，它的自然意义也是它的道德意义或价值意义，二者是合一的。

在《中庸》《孟子》看来，圣人是那些能够完全实现自己的诚善本性，从而与天合一的人，圣人即是天。普通人应以圣

冯友兰

人为楷模。人不能止于独善其身，闭门思诚，还应有所作为，积极地对待他人，对待天地万物；成就他人，成就天地万物。人只有在这个过程中才能实现自己的诚善本性。这是他的"尽性"，即实现他的本性。诚作为人的德性，统合内外。成就他人与天地万物，是让他人和天地万物充分实现他们各自的本性。这是"尽人之性"和"尽物之性"。成就自己是仁，成就万物是智。

人只有充分实现自己的诚善本性，才能使他人和万物实现他们的本性。人如果做到了使自己、他人、万物都能尽性，那就是说他做到了参与和帮助天地的变化和生育万物，可以与天地相并列为三了，这就是"与天地参"。照这样来看，人参赞天地万物的化育，就不只是进行了一种道德实践，而且还达到了一种与天地万物为一体的天人合一的境界。这就是冯友兰先生所说的天地境界。诚善也不只是德性的一个条目，还是普遍意义的德性。南宋时，朱子明确地把"诚"提升为普遍的天理，使它成为一个包含了所有事物之理从而也是道德规范的本体。

还要特别指出的是，我们说"圣人"时，当然主要指尧、舜、文、武、周公、孔子这些历史上的圣人。但是，在儒家文化中，"圣人"的概念不是封闭的，不是仅限于这些人的，而是开放的。无论谁，只要做到了参赞天地之化育，他就是圣人。所以，圣人可以在我们身边，也可以就是我们自己。岂止如此，作为人，我们本来就有圣人的本体，本来就应当以圣人为目标，纵不能至，也应心向往之。

为了做到天人一体，《中庸》提出了"由明而诚"的功夫论，即通过后天的努力发现和实现自己先天禀赋的诚善本性。孟子把它称为尽心知性从而知天、存心养性从而事天的功夫。由明而诚、尽心知性是领悟自己的本体的功夫；存心养性事天，则是实现自己的本体的功夫。张载称此为"天人合一"。应该说，天人合一在《易经》和《中庸》中还只是一个原则，不是一个明确的命题，董仲舒、张载把它变成了一个明确的命题。《中庸》和张载的"天人合一"，都更加突出了这一命题的道德实践意义，突出了人的主体性和价值。强调人的价值是儒家文化能够历久弥新、贞下起元，从而超越历史的有限性的根源所在。

《中庸》还有一些近似于天人感应的思想。它认为做到至诚可以预知，可以感动天地。"国家将兴，必有祯祥；国家将亡，必有妖孽。"汉代董仲舒继承了这种思想，并和阴阳五行学说结合起来，形成了人副天数的天人感应思想，通过天人感应说明天人合一。

二、"与天地万物为一体"：仁的生态维度及其发展

本节主要讲三个问题：一、人和物、人和人有什么不同；二、什么是仁；三、人应该做什么。这三个问题意在说明人和万物的关系及其各自的权利的界限。

1. 人和动物、人和人的同异

（1）"天命之谓性"：天与人及万物的贯通　在儒家的观念中，人和自然不是两个断裂的、互不相关的片段，而是一个整体的两个部分。《中庸》提出"天命之谓性"，主张人性来源于天，正说明了人和自然的联系。这里的天就是自然。不过，它不是现代物理学意义的"天"或"自然"，还包含了更多的对于自然与人的联系的认识和对于自然的敬畏的情感。词义的差

别表现了文化的差别。《易传》提出继善成性，又说"天道流行，各正性命"，表明人和天地万物都是在阴阳运行的过程中获得自己的本性的。《中庸》和《易传》从本体的意义上说明了天和人是贯通的、一体的；人和万物的本性都是来源于天，是天赋予的。当然，人和万物也都是得天地之气而生的。这不是普通的气，不是乖戾之气，而是"和气"。荀子指出，万物都是得到天地的和气而生的。朱子也指出，天地生物，每一物都赋予了它一个"无妄"的本性。又说，一草一木，都是天地的和平之气。

张载认为，人和动物的差异是由于本性的"通蔽开塞"所决定的，通为人，塞为动物；蔽的程度的差异形成圣人和常人。朱子用理一分殊的原则来说明人和动物的差异。他指出，从人和动物都禀受太极、每个事物中都有一个太极来看，人和动物是相同的，具有同一性。但由于动物禀受的气只有那么多，所以它所得的理也就只有那么多。

（2）"惟人为贵"：人和万物的差异　"物"是中国哲学中外延最大的词汇，照荀子的说法，这是一个"大共名"。荀子认为，人和万物一样，都是"物"的一种。这种说法肯定了人和物的某种相同之处。不过，儒家文化从道德的角度出发，认为人和物还是有差别的。《尚书》说，人是万物之灵；《孝经》提出，"天地之性，惟人为贵"。孟子说人与禽兽相差别的地方"几希"，即很少。这个"几希"之处就是人有道德良知，这是人生来就有的珍贵之处，是天生的，动物没有道德性。荀子按照价值的高低把人和万物进行了排列，指出水火有气，却没有生命；草木有生命，却没有知觉；禽兽有知觉，却没有礼、义。

人不仅有气、有生、有知，而且有义，所以是天地间最为珍贵的。人之所以能够使用牛马，是因为人能够结成群体，形成社会。人之所以能够形成社会，是因为人有义。荀子又说，人之为人，并不是因为他是两足无毛的动物，而是因为人有辨别是非的道德认知能力，有职分的不同。职分是靠礼来调整的。比如，禽兽也有父子，但没有父子的亲情；也有雌雄，但没有男女的分别。《礼记》上说，鹦鹉能够说话，但不过是飞鸟而已，猩猩能够说话，也仍只是禽兽。人如果没有礼，那么，尽管能够说话，也不过是禽兽之心。所以，圣人教人以礼仪，使人区别于禽兽。人如果没有礼、义，那就连禽兽也不如了。当然，儒家这么说，目的是强调人的道德性一面，促使人们去实践其道德价值，而不是为了贬低禽兽的价值，甚至为人类虐杀禽兽寻找托词。

　　这些观点都确立了人的价值，是一种人本主义的思想。可是，人和天地万物都是由气构成的，都是得了天地的和气而产生的，都是在天道的运行中获得自己的规定性的，为什么人有礼、义而最为天下贵？《春秋左传·成公十三年》说，百姓是禀受天地的中和之气而生的，这就是所谓的命。这在"和"之外又提出了"中"的范畴，后世儒家普遍以"中和之气"标志人、物的区别。《礼记·礼运》说，人得到了天地的"秀气"。周敦颐继承了这种说法，指出人是阴阳五行的精华之气，神妙地结合而形成的，"惟人也，得其秀而最灵"。这是人、物区别的又一说法。理学家朱子用理、气概念对人、物的区别做了说明。他同意"天命之谓性"是一个普遍原则，适用于天地万物，主张从根源上说天地万物都是相同的。朱子也把理称为"太极"。

他说，每个人、每一物都有一个太极。这就是说，天地万物就其都是出于理而言，是相同的。但是，朱子也指出，这只是一个原则，理并不能独自运动起来，它必须借助于气才能落实到万物生成的具体过程中。这意味着原则的存在状态在它落实之前和落实之后是不一样的。朱子把前者称为"方付之初"，后者称为"已得之后"。方付之初是从"本原"上说，这个本原不同于西方哲学的"本体"，是与时间结合在一起的。朱子说，从本原上看，万物都出于理，理是同一的，气却是驳杂不一的，所以万物理同而气异。而就"已得之后"来说，天地之气的运行错综复杂，参差不齐，人、物都在这一大化流行的过程中取得自己的气而形成自身。这大化就如同奔腾的河水，人、物都去取，他们各自碰到的水已经不同，所取的水更有量的多少和质的清浊的差异。这个"取"的过程，实际上也就是人、物禀受天命的过程，或者说天命形成万物的过程。"天命之谓性"就是在这个过程中完成的。照朱子说这是天人相接之处。朱子主张，人得的是天地的正气，所以能够有知识，懂道理，物受的都是天地的偏气，所以闭塞不通。由于人、物各自所得的气存在差异，所以他们的天赋的理也就不同，甚至是根本的差异。动植物既然禀得了那样的气，也就只懂得与它们所得的那些气相当的一些道理。从这方面说，人和动物的气尚且相近，理却是截然不同的。气相近就是都知道饥寒暖饱，好生恶死，趋利避害。理不同表现在动物很少或者没有君臣父子的伦理关系。虎狼有一些父子之亲，蜂蚁有一些君臣之义，但这都不过是些偶然的微明。和人相比，仁义礼智信的性，动物禀得的是偏颇的、片面的、闭塞不通的，而人则禀得的则是纯粹的。同样，就金木水火土五行而言，人禀得得全，物也有五行，却偏。动物被它的形体拘限住了，不能通，不能"推"。人虽然后天会受到蒙蔽，但人还有可通、可推之理，动物则没有此理。所以，虎狼之仁都不过是灵光一现。

（3）**人与人的差异**　不仅人与动物有差异，人与人也有差异。人和人的差别与人和动物的差别不同。动物的性偏而不通，人的性全而正。人与人的差别，则是全而正之中又有清浊昏明的不同。比如，尧舜之气是清明的，而他们的儿子丹朱、商均却冥顽不灵。为什么会有这样的差别？朱子是这样解释的。本来，天赋之理是相同的，每个人的天命之性也是相同的，没有偏差的。但是，如前所述，人是在天地之气的运行过程中形成的，这个运行过程有偶然性，每个人所得的份额和质量都不相同，这样，天命之性落实到气运的过程中，就产生了人与人之间的差别。不过，和动物相比，一些人禀得的性虽然昏暗，但暗的可以复明，而动物的偏塞却是不能使之通的。比如说，我们永远不能期望动物有人这样的五常关系。人性由暗复明需要做修养的功夫。所以，在朱子的哲学中，未付之前的天命之谓性，具有价值意义，而由于气的运行的偶然性，在已付之后出现的人与人之间的清浊昏明的差异，则不具有价值意义或决定意义，它只是一种经验现象。人不能把自己生来的禀赋当作是"天命"，尤其是当他的气质昏暗的时候。天命之性是理，理借助于气落实到人后，就成为人的"气质之性"。人必须通过道德修养和道德实践的功夫，恢复先天的善性。在原则上，天命之性是人人相同的，普通人和圣人一样。这就是说，每个人在原则上都可以成为圣人。但是，由于天命之性通过气质表现于人而成为气质之性，这就如一碗清水，放在白碗里是白色，放在黑碗里是黑色一样，所以，人必须进行道德实践的功夫，恢复先天的善性，这样才能成为圣人。那些气禀清明的人比气禀混浊的人较易于进行道德的功夫，这种差异，儒家哲学也是承认的。资质偏敞的人，需要付出更多的工夫才能成为圣人。

2．仁的生态维度及其发展

仁是儒家文化的重要概念，生态的态度是其中重要的内涵。儒家文化的发展有几千年的历史，仁的生态维度也经历了一个不断丰富、发展的过程。

（1）仁：爱人及物　"仁"由"人"和"二"组成，表示人和人之间的相亲关系。在《论语》中，孔子明确提出"仁者爱人"，确定了儒家思想的基本内涵。在孔子的时代，人的价值还没有得到全面的承认，所以，《论语》强调"爱人"。据说一次马厩失火了，孔子问伤到人了没有，《论语》特别记载孔子没有问马。这并不表示孔子不怜惜马，他只是为了强调人的价值。事实上，孔子的态度是博爱的。如前所述，《论语》记载孔子不用大网捕鱼，不射归宿的鸟。又据《礼记·檀弓下》记载，孔子的畜狗死了，他让子贡用席子卷了掩埋，别把它直接就埋在土里。孔子的态度是一种给予生命普遍尊重的态度。这种态度得到了孟子的继承。孟子对仁做了重要发展。他说，"仁，人心也"，明确地把仁作为人心的一种态度。这是一种什么样的态度呢？孟子提出"恻隐之心，仁之端也"，"端"是开始，恻隐是对事物的深切的同情和怜悯的态度。可见，孟子的仁是对于事物的深切的同情心。本书第一节叙述孟子见齐宣王时所说的"仁术"，就是对禽兽的恻隐之心。孟子希望齐宣王、也包括所有的当政者把这种不忍之心的恻隐态度进一步推广到天下百姓身上，实行仁政。孟子对于良知的生态维度的重要发展，是明确地提出了"爱物"的主张。他说："亲亲而仁民，仁民而爱物。"仁有亲近的意思，孟子主张要亲近自己的亲人，然后把爱心推出去，扩展开来，怜爱珍惜万物。他的恩惠的对象包含有外物，用我们今天的话来说，他的道德共同体的范围包括外部世界。到汉唐的时候，这种思想更加明确了。郑玄在给孟子这段话做注释的时候说："仁，爱人以及物。"唐代贾公彦进一步解释说："仁者内善于心，外及于物。"物包括禽兽、草木。爱为取之有时，用之有节。

（2）仁者"生意"　《易传》上说，天地的伟大德性是给予万物生命，生养万物，使万物一代又一代生生不息地延续下去，这就是"易"，也就是天地的"生生之德"。宋明时期儒家学者把这种德性称作"天地之仁"，这样，仁就有了天地的生生之德的内涵。

二程认为，"生生"或"生意"是易、天道。他们说，生生之易就是天道。天只是以生为道，继此生理就是善。善有开端、开始的意思，万物皆有生意，就是继之者善。朱子也强调，生意是普遍的，表现于一年四季。比如春天为仁，万物生长，表现了天地的生意。但是，在秋、冬季节，生意也没有消亡。拿树木为例，秋冬时节虽然花叶凋零，但生意仍然存在于树木之中。所以，天地间只是一个生理，循环无穷，元、亨、利、贞，春、夏、秋、冬都不过是这个生理的不同说法而已。春天是生意的产生，夏天是生意的亨通，秋天是生意的实现，冬天是生意的贞固。没有秋冬，生意也是不能完成的。

理学家认为，天地的生意或者生理也就是天地的生物之心。《易传》有"复，其见天地之心"的说法。如前所述，《复》的卦象是一阳在下，五阴在上，是一阳来复的意思。朱子指出，天地以生生为自己的德性，元、亨、利、贞都是生物之心。在春、在夏，天地生生不息的景象都十分显著，可以明确地见到天地之心。在贞的时节，即冬季，仅有一阳来复，天地之心没有显著的外在表现，所以不易发现。但这是天命流行之初，造化发育的开始，万物莫不由此资始，正是可以体见天地之心的时候。在理学家看来，万物都是得到天地之心作为自己的心。就植物来说，它成熟的时候，天地的生意就集中表现在它的果实中；它的果实就是天地的仁。伊川把谷种中的生意叫作"仁"。朱子也说，茄子里面的一粒种子，就是个"生性"；又说，谷种、桃仁、杏仁之类，种着便生，不是死物，所以叫作"仁"。清代易学家沈起元说，"果之仁，天地之仁也"。有趣的是，现代汉语仍然保留着把植物的果核称为"仁"的用法，如花生仁、核桃仁之类。

宋明时期，理学家最喜"观天地生物气象"或观天地生物之意。珍惜万物表现出来的勃勃生机，是理学家的基本态度和宋明儒学的基调。周敦颐是宋明理学的奠基者之一，程颢和他的弟弟程颐都曾经跟他学习。据他们记载，周敦颐的窗前长满了茂密的野草，可是，他并不去剪除它们。这叫"绿满窗前草不除"。二程问他为什么不剪除，他说，"与自家意思一般"，意思是野草的生意跟自己心中的生意一样。他欣赏自然的生意，

周敦颐

希望野草能够郁郁葱葱地生长下去，万物都能够完成自己的生命。程子说，万物的生意最可观赏，这就是《易传》所说的"元是最高的善"，也就是仁。据说大程喜欢观鸡雏，与二程同时的哲学家张载喜欢听驴鸣，司马光喜欢听鸡鸣：他们都认为动物的这些状态表现了自然的盎然生机。朱子说，植物虽然没有知觉，但它的生意仍可以表现出来。如果戕害了它，它便会枯悴不怿。朝日照耀的时候，花树的欣欣向荣的生意，树皮都包裹不住，自然迸发出来。如果是枯枝老叶，便觉得憔悴，这是因为气已经运行过去了的缘故。

（3）"仁包四德"　在《论语》《孟子》中，仁、义、礼、智都是不同的德性。宋明时期，理学家把仁、义、礼、智四端统一为仁，主张"仁包四德"。程颢说，义、礼、智、信都是仁；又说，仁偏说与义、礼、智对应，专说则包含义、礼、智三者。这样的见解是以《易传》为基础的。理学家把"仁"理解为天地的"生

生"的德性，把四端与元、亨、利、贞和春、夏、秋、冬比配，因为天地的生意是生生不息的、不间断的，所以，仁贯穿四德。

程颢

对于仁兼四德，朱子的解释比较多。他说，《乾》卦的元、亨、利、贞四德，元是生意，是天地生物的开端，亨是生意的生长，利是生意的顺遂，贞是生意的完成；又说，仁是浑沦的一个生意，是全体，也是本体。正如同前文所说，礼是仁的节文，义是仁的断制，智是仁的分别，如同春夏秋冬虽然不同，但都出于春。春是万物的生出，夏是万物的茂盛，秋是生意逐渐收敛，冬是生意的收藏。春夏秋冬只是一气贯穿流注去，春天是万物始生繁荣，到后来生气就逐渐老了。春夏秋冬只是一气的节文。这个生意也是太极。朱子强调，即使秋冬的肃杀之气、"雪霜之惨"，也是生气的表现，不过是生气的收敛而已。仁能统括兼备四者。虽然春生，夏长，秋收，冬藏分为四时，生意却贯穿四时。

（4）仁为人的天地之心　在理学家看来，人也得到了天地之心作为自己的心。天地之心是"生生"，天地生物之心表现于人，就是人心的"仁""生生"或"生意"。这样，仁、天地的生生之德、人心三者就联系起来了。生生就由外在的天地之德变成了人内心的德性；人心之仁就表现为人珍爱万物生命、促进万物生长的德性。这是作为人的德性的"生意"，是良知的生态维度。人心的生意与天地的生意是贯通的、同一的。

程子说，心譬如谷种，其中能生的本性就是仁；又说，心是生生的道理，恻隐之心是人心的生生的道理。这样的认识在宋明时期是非常普遍的。关于《易传》"天地之心"，张横渠

程颐

明确指出"天无心，心都在人之心"；朱子接受大程的说法，也说，天地间非特人为至灵，"自家心便是鸟兽草木之心"。朱子又说，仁是天地的生物之心，"所生之物因各得夫天地生物之心以为心，所以人皆有不忍人之心也"，"仁本生意，乃恻隐之心也。苟伤着这生意，则恻隐之心便发"。人有恻隐之心，自然便有恻怛慈爱之意。阳明也说，仁是造化生生不息的道理，充满于天地之间；生意的发用流行，有发端，有扩展。冬至一阳初生，就是生意的发端处，然后渐渐发展到六阳。有发端之处，所以能生；因为生，所以不息。最具有阳明哲学特点的"良知说"认为，"人的良知，就是草木瓦石的良知"，人与万事万物

都是同一气构成的，所以能够相通。阳明又说，"盖天地万物与人原是一体，其发窍之最精处，是人心一点灵明。风雨露雷，日月星辰，禽兽草木，山川土石，与人原只一体"。戴震也认为，仁是生生之德，并指出，"气化流行，生生不息"是仁，"在天为气化之生生，在人为其生生之心，是乃仁之为德也"。

（5）**仁即感、通** 如前所述，仁在孔子那里是爱，在孟子那里是恻隐之心。同时，在《周易》中又有阴阳二气相感的说法。《易传》说易无思、无为，寂然不动，感物而动，"遂通天下之故"。这个"感"，照牟宗三先生的说法，"是存有论的感"，本体论的洞见，"宇宙间、天地间最基本的一个实体"，如同海德格尔的"本体论情感"。在儒家哲学中，爱、恻隐本来就有相感和相通的成分，或者说，爱和恻隐也就是相感和相通的一种。这两种意思在宋明时期达到了会合。理学家把仁理解为人与天地万物的相感和相通。可以说，在周敦颐那里，诚、无妄是天地生

牟宗三

育万物的形式方面的规定，仁、义则是天地生成万物的内涵方面的规定，二者是统一的。诚是不动的，它活动起来能够感通天地万物，这种感通，周敦颐也称为"神"。最为典型和形象的

是程颢《识仁篇》中的说法。他说，医书把手足麻痹称为"不仁"，这话讲得很好。人的手足和身体是一体的，身体的各个部分都是血气流通贯穿的，哪里血气不贯穿，哪里就不能感应，就不属于自己了。手足痿痹就是血气不贯穿。按照现代医学来说，血气贯穿是感通的生理基础。理学家把这种血气贯穿的感通扩展到人与天地万物的关系上，认为人用自己的恻隐之心与天地万物相感应，从而与之贯穿为一体。"仁"亦即人的恻隐之心，是人与天地万物相感通的根本。程子说，"满腔子是恻隐之心"；又说，心就是生生的道理，恻隐是人心生生的道理。对于仁的感通，朱子、王阳明也有很多论述。朱子的说法是：仁是"爱之理，心之德"。"爱之理"的说法是把仁作为一种超越的普遍原则，"心之德"则强调仁是心的德性，是一种恻隐感通的情感，也是一种爱的情感。爱是恻隐，心之德只是爱。朱子强调，人之所以为人，禀受的是天地的理和气。理没有形迹可循，不可见，可见的只是气。仁是一团和气，阳春之气，仁的理则是天地生物之心。人心的和气不待安排，自然流露。人只要消除了自己的私意与外部世界的间隔，就能与他人，与万物为一体。这种活泼自然的状态就是仁。朱子认为，孟子所说的恻隐之心，最是亲切，人心自然会如此。仁是根，恻隐是萌芽；亲亲、仁民、爱物，则是把恻隐之心推广到枝叶处。

　　王阳明也强调这种恻隐之心对于万物的感通。他的概念是良知的感应。他的弟子问他，人与自己的身体一体，是因为有血气的贯通；人与他人已经是不同身体了，与禽兽草木就更远了，怎么还是一体的？阳明回答说，你从"感应之几"上看，岂止是人与禽兽草木同体，即使是与天地鬼神也是同体的。人是天地的心，良知是人的心、人的灵明，人往往被自己的身体这个躯壳限隔了，不能与天地万物相通。其实，没有人的灵明，谁去仰观昊天的高远？谁去俯察大地的深厚？谁去辨别鬼神的吉凶？这就是一气贯通，人的身体这层躯壳是不能限制它的。他进一步说，见到幼儿要掉到井里而产生怵惕恻隐之心，是此心之仁与孺子为一体，见到鸟兽哀鸣战栗而产生不忍杀它之心，是此心之仁与鸟兽为一体；见到草木被摧折而产生悯恤之心，是此心之仁与草木为一体，见瓦石被毁坏而产生顾惜之心，是此心之仁与瓦石为一体。阳明指出，这种一体之仁是人人都有的，小人因为动于欲、蔽于私而丧失了，所以必须进行存理去欲的功夫来恢复。在阳明这里，仁表现为恻隐怵惕、不忍、顾惜、怜悯等，这些都是感通的表现。近代维新变法思想家谭嗣同著《仁学》，把"通"作为仁的根本含义，提出"仁以通为第一义"。这是仁的感通思想的新发展。

(6) "与天地万物为一体" 与天地万物为一体在儒家文化中是一个基本事实，也是人应该达到的境界。说是基本事实，是从气来说的。既然天地万物同样是由气和理构成的，而气又贯通于或者说流通于人和天地万物，那么，人与天地万物自然是一体的。程子多次说到，天人是一体的，没有分别；"天人本无二，不必言合"等。张载的"民胞物与"是理学家天人合一理想的最好表述。他说："天为父，地为母，人处于天地之间，充塞于天地之间的气构成人的身体，气的统帅构成人的本性；君主是天地父母的宗子，大臣是宗子的家相，百姓是我的同胞，万物是我的朋友。"

　　不过，以气为基础的合一只是一种自在的或本来的状态，如前所述，天人合一还有境界或价值的意义。这层含义的合一不是谁都能意识到的，更不是谁都能做得到的，所以，儒家强调通过功夫达到天人合一，这是良知和功夫的自觉。这种功夫在张载那里是诚和明。他说儒者通过明达到诚，通过诚达到明，由此做到天人合一，与天地万物为一体。大程主张"仁者浑然与天地万物为一体"，要求识得此理以诚敬存之；返身而诚，做到万物皆备于我。朱子主张"无私""克己复礼"，去掉人因为自己的躯壳而与天地万物的分割或隔阂。无私，才能做到仁；做到仁，才能做到"与天地万物为一体"。朱子强调，与天地万物为一体，不是仁之体，而是仁的容量，即人做到仁之后所达到的一种自觉的充实的状态。如前所述，程子用感通、阳明用

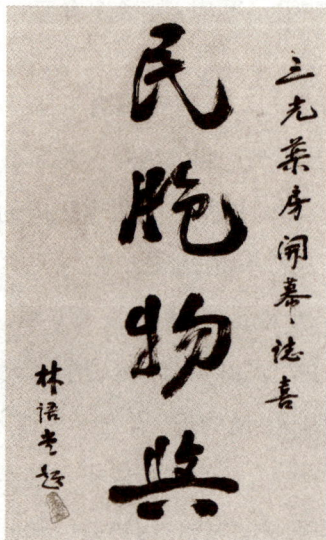

民胞物與

三光荣寿闻幕志喜

林语老堂

林语堂书

恻隐来做到与天地万物的一体。《论语》中有仁、恕，恕是一种推己及人的仁爱态度。孟子在论述仁政时说过要把仁心推及至行政上。推是道德之心的扩展，也是达到天人一体的手段和功夫。张载提出，推己及人乃是为仁之方。张载又提出，人作为天地之子，既要做尊高年、慈孤幼一类的道德的事情，又要善于遵循天道，继承天志，完成宇宙的职责。

理学家认为，打破自身的躯体与外部世界的隔阂，置身于万物之中，与天地万物为一体，可以获得一种快乐。这是超越于经验的、世俗的利害得失的精神的愉悦，实际上是人心和天地的贯通。可以说，理学家大多是心有灵犀一点通的人，他们能够通于天地之情，自然不觉手之舞之，足之蹈之。现在看他们的诗歌，有不少仍然跃动着生命的灵性和愉悦。程颢诗云"云淡风轻近午天，傍花随柳过前川。时人不识余心乐，将谓偷闲学少年"，"闲来无事不从容，睡觉东窗日已红。万物静观皆自得，四时佳兴与人同"，朱子诗云"胜日寻芳泗水滨，无边光景一时新。等闲识得东风面，万紫千红总是春"等等，都是把自己心中的快乐与自然联系在一起的。这种态度不能不使人对自然多一分额外的珍爱。

3. 人应该做什么？再探群己权界

（1）"尽性"与"参赞化育"　如前所述，儒家认为人是天地万物之中有理性的存在者，是高贵、灵明的存在者，与物不同。什么是人的"贵"？照唐玄宗所说，是"异于万物"。

人是天地之心，天地之心生养万物，无有止息。人的贵和异就在于他能够体会和服从天地的意愿，把自己的生生之心推广出去，把天地生养万物的职能作为自己的职责，助天行道，延天佑人。《中庸》把人的这种工作称为"参天地，赞化育"，即参与和帮助天地万物的生生。儒家哲学认为，这是人道德的、宇宙的职责。

为做到参赞化育，《中庸》提出了"尽性"的观点。在儒家哲学中，人性是人的生物之心，也是天地之心。《中庸》提出，人应当尽己之性、尽人知性、尽物之性，即充分实现自己的本性，这样才能让每个人都实现自己的本性，从而让天地万物也都实现它们的本性，做到了这一点，也就做到了参赞天地万物的化育。人实现自己的本性，包含着让他人、让天地万物都实现自己的本性。"尽物之性"就是尊重事物固有的价值，不伤害其固有的性质，让万物按照自身的性质发展。这才是参与和帮助天地诞生和养育万物。人做到了这一点就是真正的人，能够与天地并立的人。阳明在论述明德亲民时指出，亲吾之父、兄以及天下人之父、兄，此心之仁便与天下之父、兄为一体。君臣、夫妇、朋友，以至于山川、鬼神、鸟兽、草木，莫不实实在在地去亲它，达成自己的一体之仁，这样才是德无不明，真的以天地万物为一体；这样才是明明德于天下，家齐国治而天下平；这样才是尽性。

儒家认为，天地生物，赋予了每一事物固有的内在价值，希望每一物都能顺遂地完成自己的生命，而不是夭折死亡。人当随顺天地，不戕逆万物之生。所谓厚德载物、仁民爱物、民胞物与，都是这个意思。比如土地之性是生养万物，尽土地之性，就要充分发挥它的生养作用。对于山脉、河流、植物、动物、他人、他国、整个人类，我们都要这样去思考。最终应达到《中庸》所说的"万物并育而不相害，道并行而不相悖"、荀子所说的"万物皆得其宜，六畜皆得其长，群生皆得其命"、《易传》所说的"范围天地之化而不过，曲成万物而不遗"的境界，这就是与天地万物为一体，是儒家应该有的胸怀。亦如成中英先生所说，宇宙论、生态学和伦理学在圣人人格中是三位一体的。所谓并育不害，也是"天人合一""天人合德"。荀子的"制天命而用之"不是儒家哲学的主流；"天人交相胜，还相用""人定胜天"的中的"天"都不单是自然界；王夫之的"延天佑人"的思想比较接近参天地赞化育的思想。

（2）爱有差等：道德共同体的范围　《中庸》所说的尽性，也叫作"诚"。《中庸》认为，诚是天地的本性，人应努力做到诚，从而做到让他人和万物都能实现自己的本性。从哲学上说，"尽性"也是人的主体性。儒家文化其实是把天地生养万物的功能作为人的道德职责了。人既然承担了天地生养万物的职责，就要"替天行道"，把道德关怀的范围推及、扩展到整个自然界其他物种、生态圈和山河大地等无机界，承担对它们的相应的道德义务。这意味着，整个自然界范围内的事物，都是道德共同体的成员；宇宙的事，就是自己分内的事，否则就不能说是完整地完成了自己的使命。王阳明已经明确地把道德共同体扩展到同类的人、有生意的植物以及没有生命的瓦石。儒家的主体性与西方近代以来建立在主客体对立和二分基础上的主体性截然不同，它是帮助他人、万物实现自己的本性，而不是出于人的目的单方面地征服自然。儒家哲学所说的人性的灵与贵，不是近代以来西方意义上的主宰。所以，从这个意义上说，儒家虽然说天地间只有人是最珍贵的，却不是人类中心主义。不过，儒家也不像道家的庄子那样，认为万物价值都是一样的。在对待外部事物的道德顺序上，儒家文化强调爱有差等，对于天地万物施爱有顺序和轻重的差异。照阳明的说法，爱就像植物的生意，有一个生出、流行的过程。对于父兄的爱，是人心生意的发端处。由此以往，至于仁民、爱物，就像植物生长主干、枝叶。儒家认为，墨家兼爱，生意无根，不能生生不息地持续下去，所以称不上仁。

在儒家看来，在对于物的爱和对于人的爱发生冲突时，前者应该让位于后者。王阳明认为这是"良知上自然的条理"。他说，同样是身体的一部分，用手、足护卫头、目；禽兽和草木都是要爱的，可是，用草木养禽兽；人和禽兽都是要爱的，可是，用禽兽供养宾客和祭祀；路人和亲人都是要爱的，可是，在他们同时面临饥饿的时候，把仅有的食品给亲人而不是路人，都是道理合该如此。的确，人处于自然进化链条的顶端，为了生存，必须消耗植物和其他动物的肉体，这其中有一定的必然性和合理性。既然自然的进化产生了人，既然人的存在也是进化所要求的，那么，人在一定程度上消耗自然当是必然的，不可避免的，也是可以接受的。显然，儒家的道德共同体是一个以人为中心的爱的递减的多圈圆：个人对于双亲、他人、自然物的爱的程度，依次递减。那么，这个递减会不会递减至无，甚至进而倒过来发展为恨？

对于物，还有一个善恶判断取舍问题。在王阳明看来，人可以根据自己的价值观进行取舍。从自然的演化来看，自然物并没有善恶的区别，只是相对于人的各种目的与评价，才会有善恶之分。人的评价是以人为中心的，有相当的局限性。阳明

王阳明

认识到了这个局限性所在，所以，他一方面承认，从天理的角度看，大化本身即是一个含有死的生生过程，个体从自己的善恶评价的角度出发，除去花间草是可以接受的；另一方面也要求用天理来校正人的有限性，要"循天理""诚意""去私意""不著"，即克服人的局限性。所谓天理，是大化的规律；向天理接近，就是尽量减少自己的好恶，同于大化的道理。由于天人是一体的、合一的，所以，在儒家哲学中，对人的义务就是对物的义务，对物的义务就是对人的义务，二者是统一的。

但是，我们认为，从操作意义上说，在人与人、人与物之间，还是应该有一个底线。比如，对于父母的爱，不能演化为对于别人的恨，至多是同情的遗憾；对于自然物的取用，不能导致物种的灭绝，比如，吃濒危动物之类。只有画出底线，才能在

操作层面上实现与自然的和谐相处。这应该是我们解决现代环境难题的一个思路。我们设想，把人和自然合起来称作自然 I，即生态圈整体；把单独的自然作为自然 II，人作为自然 III；自然 III、自然 II 作为自然 I 的两个焦点（如下图）。根据"一阴一阳之谓道"的原则，这两个圈都不是全部自然 I 的中心，而是它的两个焦点，借用"群己权界"来说，"群"是人之外的世界，即自然 II，它有自己的权利，人必须尊重自然 II 的权利，把自然 II 的权利具体化为各类动物、植物、无机物以及物种的权利，在与这些自然存在物的相互理解、相互诠释、相互适应、相互作用中，完成自己的本性，也完成自然物的本性，共同维持自然本身的健康存在和发展。

自然 → ☯ ← 人

儒家文化说，天地间只有人是最珍贵的，最优异的。这种珍贵只表现为他能够理解自然过程的意义，从生生的仁心出发，把自然作为道德共同体，珍视自然的生命，尊重自然的权利，帮助自然"尽性"，即实现自然的本性，助天行道。这就是说，有智慧的人的出现是自然进化的结果，人的智慧是属于自然的。自然的进化为人的存在提供了各种条件，人的智慧应该用来理解、帮助自然，与自然共存，而不是征服甚至毁灭自然。征服和毁灭自然是不自然的，服从自然是最大的自然。人类只有让自然"尽性"，才能实现自己的本性。

后记

书写完了，照例要写几句话来说明情况，表达感谢。这看似俗套的礼貌，实际上也是出于真情。

首先要感谢的是我在书里引用了他们成果的一些见过面和未曾谋面的朋友们。孔子基金会要求此丛书通俗易懂、不注出处。我在书中引用了他们的成果，却没有提到他们的名字的学者有以下诸位。一是我的朋友王子今先生。书中关于秦汉时期环境保护的材料，有不少来自他的《秦汉时期生态环境研究》（北京大学出版社 2007 年版）。二是《敦煌悬泉月令诏条》（中华书局 2001 年版）、《睡虎地秦墓竹简》（文物出版社 1978 年版）几部著作的作者和《敦煌悬泉置汉简释粹》（上海古籍出版社 2001 年版）作者胡平生、张德芳同志。书中引用了这些未曾谋面的朋友的著作。三是未曾谋面的学者 Donald n. Blakeley 先生。他的论文 *LISTENING TO THE ANIMALS：THE CONFUCIAN VIEW OF ANIMAL WELFARE* 开阔了我思路，使我摆脱了原来因为按照"哲学"的思路而陷入的山重水复的困境，踏上了"文化"的征程，把儒家文化对于动物、植物、山河大地的内在价值和使用价值的论述都网罗了进来，走进了柳暗花明的天地。他是我特别要感谢的。除了他，我还要感谢杜维明、成中英、Roger T．Ames（安乐哲）、Samuel Snyder、kenneth k. Inada、Robert C. Neville、John Berthrong、Mary Evelyn Tucker、

Ralph Weber、Koninklijke Brill、Ruiping fan、黄勇（Huang Yong）、姜新艳（Jiang Xinyan）等人。他们的研究都不同程度地启发了我。我不能掠他人之美，向他们表示感谢。

感谢孔子基金会的朋友们！我和彭彦华同志素昧平生，她看了我博客上的文章后给我留言，让我跟她联系，这样我接受了这个项目。在写作的过程中，彭彦华、姜楠同志常常跟我联系。为了这本书，她们付出了不少辛劳。孔子基金会多次召开会议讨论这套"儒家文化大众读本"丛书的主题、撰写体例等，负责这套丛书的王钧林等老师给我提出了不少有益的建议。对于他们的付出，在此一并表示感谢。

2009 年 8 月，我接受韩国高等教育财团的资助，来到韩国成均馆大学儒学院做访问研究。成均馆大学的崔英辰、金圣基、崔一凡、林泰弘、高在锡诸位先生给我提供了不少帮助，在高丽大学金彦钟先生主持的退溪读书会上，在韩国中国现代哲学会李明翰、高在旭会长主持的哲学讨论会上，我跟不少韩国学者有过十分友好和深入的交流；还有，在高等教育财团周到的安排下，我们这批来自中国各地的学者一起讨论，一起旅行，一起在美丽而又尤其敬业的吴利善老师的课堂上愉快地学习韩语……对这一切，我深深地表示感谢！

我在国内的同事韩强、严正诸位老师帮我分担了不少工作；我的博士研究生马鹏翔、申淑华帮我阅读了原稿，申淑华还为这本书选配了一些插图。山东教育出版社孙红同志，作为本书责编，也做了大量工作。对于他们付出的劳动，我表示感谢。

2008 年，我接受了教育部"儒家生态哲学思想研究"课题

（08JA720017），本书也是这项课题的阶段性成果。

研究的过程，也是一个提高的过程。过去我感觉儒家哲学具有生态的维度，现在我认为，儒家哲学本质上就是生态性质的。现代生态哲学的一些观点，其实儒家哲学早就提到过、说明过。如何把儒家的生态智慧用现代学术话语阐发出来，普惠人类，是儒学研究者的使命，这或许也就是张载所说的"为天地立心，为生民立命，为往圣继绝学，为万世开太平"！

乔清举

2010 年 12 月

再版后记

　　此次再版，我只对个别文字做了订正、补充，全书观点、内容、结构均无变动。我感谢孔子基金会的各位朋友以及山东教育出版社祝丽、舒心诸同志，尤其感谢本书责编孙红同志，她敬业负责，为本书的出版做了不少细致工作。本书能够再版，说明社会对于了解儒家生态文化、儒家文化以至于中国传统文化有需求；就我个人来说，对自己的研究能够抓住时代脉搏，为人类生态文明建设和生态文化建构提供有益精神食粮，颇感欣慰，这该是"为往圣继绝学"的一部分吧，希望今后能够做更多这方面的工作！

乔清举

2019 年 10 月

图书在版编目(CIP)数据

泽及草木 恩至水土：儒家生态文化 / 乔清举著 . — 济
南：山东教育出版社，2020.5
（儒家文化大众读本 / 梁国典主编）
ISBN 978-7-5701-0731-5

Ⅰ．①泽… Ⅱ．①乔… Ⅲ．①儒家－传统文化－研究
Ⅳ．① B222.05

中国版本图书馆 CIP 数据核字（2019）第 171347 号

RUJIA WENHUA DAZHONG DUBEN
ZE JI CAOMU EN ZHI SHUITU——RUJIA SHENGTAI WENHUA

儒家文化大众读本
泽及草木 恩至水土——儒家生态文化 乔清举 / 著

主管单位：山东出版传媒股份有限公司
出版发行：山东教育出版社
　　　　　地址：济南市纬一路 321 号　　邮编：250001
　　　　　电话：(0531) 82092660　　网址：www.sjs.com.cn
印　　刷：山东临沂新华印刷物流集团有限责任公司
版　　次：2020 年 5 月第 1 版
印　　次：2020 年 5 月第 1 次印刷
开　　本：720 mm×1020 mm　 1/16
印　　张：14.75
字　　数：152 千
定　　价：72.00 元

（如印装质量有问题，请与印刷厂联系调换）　印厂电话：0539—2925659